第100回全国高校サッカー選手権記念

伝えたい、この想い

アナウンサーたちのロッカールーム

JN046868

編者
日本テレビアナウンサー
藤井貴彦

共著
福岡放送アナウンサー
福岡竜馬

札幌テレビアナウンサー
岡崎和久

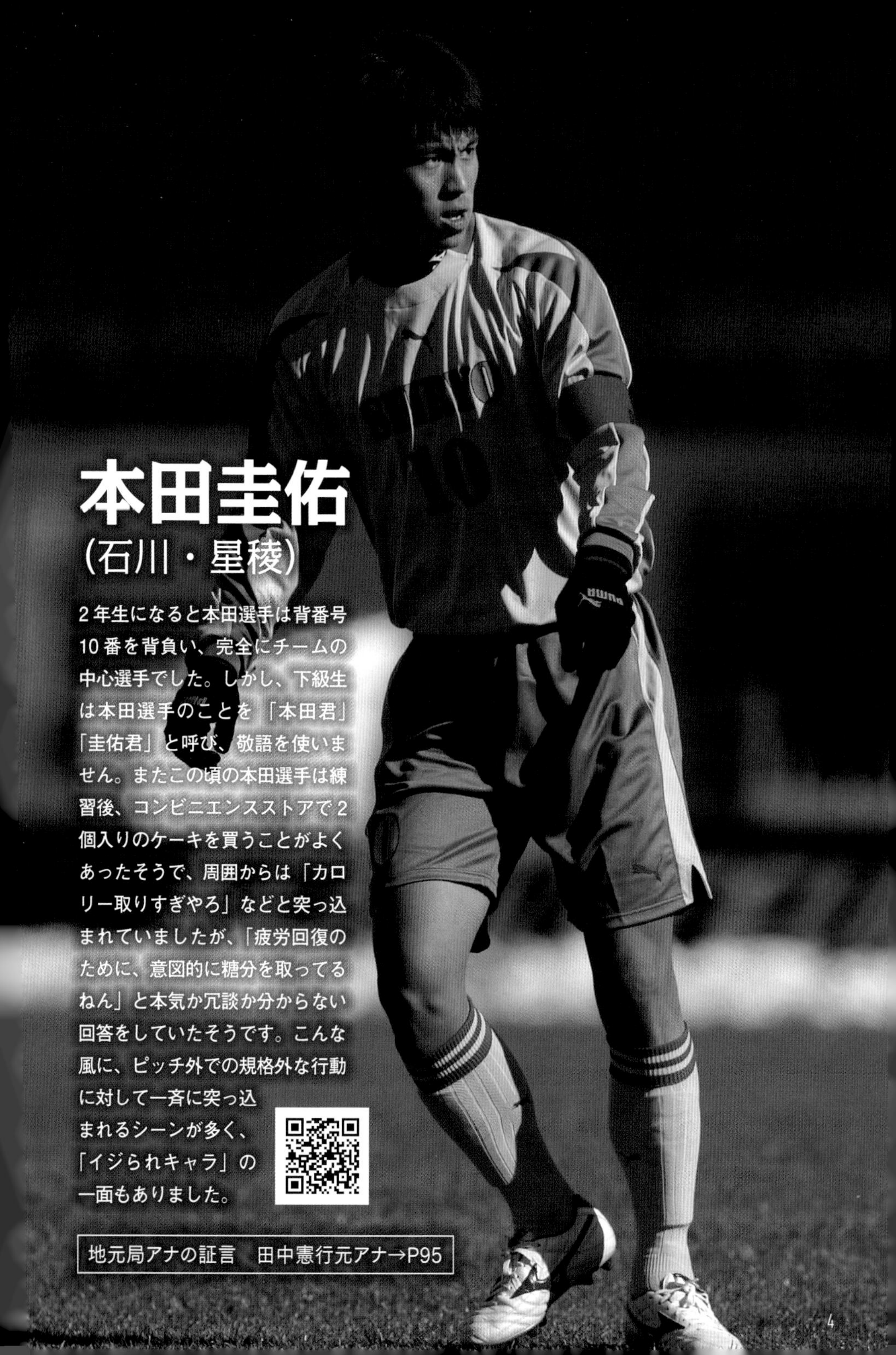

本田圭佑
(石川・星稜)

2年生になると本田選手は背番号10番を背負い、完全にチームの中心選手でした。しかし、下級生は本田選手のことを「本田君」「圭佑君」と呼び、敬語を使いません。またこの頃の本田選手は練習後、コンビニエンスストアで2個入りのケーキを買うことがよくあったそうで、周囲からは「カロリー取りすぎやろ」などと突っ込まれていましたが、「疲労回復のために、意図的に糖分を取ってるねん」と本気か冗談か分からない回答をしていたそうです。こんな風に、ピッチ外での規格外な行動に対して一斉に突っ込まれるシーンが多く、「イジられキャラ」の一面もありました。

地元局アナの証言　田中憲行元アナ→P95

岡崎慎司

（兵庫・滝川第二）

星稜戦。岡崎はたった17分の出場でゴールを決めていたのだ。ピッチに入ってからわずか3分後に得点し、星稜に1点差に迫った。森島康仁選手がゴール前に折り返したボールに体ごと飛び込む岡崎らしい「泥臭いゴール」だった。

「ハッハッハッハ！」実はこのシーン、ゴールに飛び込んだ岡崎はゴールネットに足が絡まってしまって、なかなか抜け出せなかったのだ。「シンジ、焦ってる焦ってる（笑）」。岡崎もこの夜、一番のシンジスマイルを見せた。

地元局アナの証言　湯浅明彦アナ→P70

乾貴士
（滋賀・野洲）

２年生の乾選手の印象は「サッカーが好きすぎる、愛すべきサッカー小僧」でした。「子どもの頃はマラドーナ選手のビデオを擦り切れるくらい見てマネをした」「プロも含め楠神君（全国優勝メンバーで乾選手の１学年先輩）が一番好き」「将来はサッカー選手以外考えられない」など、取材でもサッカーや野洲の先輩への愛溢れる話を屈託なく話していて、その様子はまさに「愛すべきサッカー小僧」でした。また全国大会の１回戦の解説者が前園真聖さんに決まったと話を向ければ、「どうしたらドリブルがうまくなるか聞いておいてくださいね」と宿題を預かったのも良い思い出です。

地元局アナの証言　牧田もりかつアナ→P66

大迫勇也
（鹿児島・鹿児島城西）

鹿児島城西で「1対1の練習」が行われていた時のエピソードがある。
チームメイトがいとも簡単に大迫選手にかわされ、ゴールを決められてしまう。見かねた当時の小久保悟監督は「お前たち、ちゃんとやれ」と激怒する。仕方ないなと、生徒に代わって監督が登場したのだが、大迫選手は左腕1本で小久保監督を抑えてしまった。小久保監督が足を出しても大迫選手はびくともしない。大人が子どもに腕をバタバタしているようで、選手たちにお手本を見せようとした小久保監督もボールを奪うことはできなかった。「ボールは見えないし、体幹は強いし、これは無理だ。こんな選手、見たことない」。ちなみに小久保監督は、ジェフ千葉の前身・古河電工の選手で、1対1には自信があったそうだ。

地元局アナの証言　岡本善久元アナ→P78

柴崎岳
（青森・青森山田）

「黒田監督から言われたことで一番心に残っていることはなんですか？」。すると柴崎選手はほとんど考えることなく、こう答えました。「俺はお前には、とやかく細かいことを言わない。自分で自分のことに気づきなさいという言葉です」。何百人もの選手に取材してきましたが、監督が一番伝えたかったことと、選手が一番心に残っていることがぴったりと一致することはそう多くはありません。教育者としての黒田監督の伝える力、そして、柴崎選手の感じ取る力に感服しました。監督は選手に何万という言葉を投げかけてきたはずです。その中から、高校生が選び出した言葉が、監督の思いと一致するなんてまさに奇跡です。

日テレアナの証言
田邊研一郎アナ→P89

浅野拓磨
(三重・四日市中央工)

試合は後半33分を過ぎていた。うっすらと負けを覚悟し始めた私はベンチに座る樋口監督の表情を見て、「四中工魂」の言葉を思い出して、リポートを入れた。「四中工ベンチです。樋口監督がハーフタイムに出した指示です。ウチは今大会、出場校の中で最多の29回目の全国選手権だ。他の高校とは歴史や伝統が違う。最後まで白いユニフォームに自信と誇りを持ってプレーしよう」。最後は「私の祈り」を込めて、こう付け加えリポートを締めた。「伝統校の力は残り5分です」。すると、その後から四日市中央工の怒涛の攻撃が始まった。後半アディショナルタイム、ついに浅野選手が同点ゴールを決めた。メイン実況のアナウンサーも「これが伝統校の力」と劇的な同点ゴールを謳い上げた。

地元局アナの証言　平田雅輝アナ→P102

目次

はじめに

２０２１年、全国高校サッカー選手権大会は第１００回を迎えます。
私たち日本テレビ系を中心とした民間放送43社は、
大会が関西で開催されていた頃から半世紀にわたって、
高校生の情熱と青春を全国にお伝えしてきました。

毎年、どの高校が日本一に輝くのかが注目されますが、全国的には注目されていない
高校同士の試合でも、選手の、指導者の、関係者の思いがぎっしりと詰まっています。
決勝も含め全47試合。
懸命にボールを追っている選手たちは、どんな思いでサッカーをしているのか。
どの試合にも魅力があり、ドラマがあり、感動があります。
その思いに触れるエピソードは、
地元の代表校を追いかけてきた「地元局アナ」の取材努力に支えられています。
仕事の合間を縫って試合会場や放課後の練習に顔を出し、

信頼関係を築いているからこそ、選手は思いを話してくれます。
サッカー中継は、試合の内容だけ伝えてくれればいいと言う方もいらっしゃいます。
しかし、こと高校サッカーに関しては全員がプロを目指しているわけではありません。
この大会を最後に、サッカーをやめて就職をする選手もいます。
だからこそ、人生を懸けてサッカーに打ち込んできた選手もたくさんいて、
そんな彼らの思いも私たちアナウンサーは伝えたいのです。
一方、いざ全国大会となれば、地元局アナは地元代表校のベンチ裏でマイクを持ち、
「ベンチリポート」をします。勝てば共に喜び、負ければ共に涙を流します。
どうしたらチームの思いを全国に伝えられるか。
彼らにとっても全国大会は1年間の集大成なのです。
テレビ画面の端で必死に言葉を紡ぐ「地元局アナ」のことも、
この本を通して少しだけ知っていただければ幸いです。
また、もしあなたが試合会場で観戦できるのでしたら、
ベンチ裏にいる「地元局アナ」にも小さな声援を送っていただけるとうれしいです。

藤井貴彦

「第100回全国高校サッカー選手権大会」は
2021年12月28日～2022年1月10日に開催

「第100回全国高校サッカー選手権大会」TV STAFF

プロデューサー　岡本和孝
チーフディレクター　伊﨑晃人
ディレクター　小沢鷹士　吉田雛子　梅野敦史

本書ではQRコードを読み込むと、各エピソードに関連した動画を見ることができます。

下段の脚注は主に、大会の情報、高校卒業後にプロへと進んだ選手、テレビ局やアナウンサーのプロフィールを紹介しています。

※情報は2021年11月14日校了時点。高校の選手権出場回数、優勝回数は第99回大会までのものです。
※QRコードのリンク先の動画は予告なく削除される可能性がありますのでご了承ください。

第1章
高校サッカー全国大会の中継システム

東か西かで大きな違い

皆さんの応援している高校は、どのチームと対戦するでしょうか。

この「初戦」は我々アナウンサーにとっても、実はとても重要なのです。

全国大会は11月下旬に組み合わせ抽選会が行われますが、初戦は必ず「東vs西」になる抽選システムが採用されています。例えば鹿児島の代表校であれば「西側」、北海道代表であれば「東側」となります。実はこの初戦のカードが決まると、私たちアナウンサーの担当も決まっていきます。

第99回大会に行われた名門同士の初戦を例に挙げてみましょう。

星稜（石川）vs作陽（岡山）

この試合の担当は石川のテレビ金沢のアナウンサーと、岡山・香川をカバーする西日本放送のアナウンサーが担当することになります。すべての初戦でこんな風に東西のアナウンサー担当が決まっていくのです。

しかしここで大きな問題が出てきます。

それは2人のアナウンサーのうち、どちらが「実況」を担当するのかという問題です。

実はこの実況担当は、1年ごとに東と西のテレビ局が担当することが決まっています。

第99回は「東側が実況担当の年」でしたので、テレビ金沢のアナウンサーが担当しまし

第99回大会
2020年12月31日から2021年1月11日に開催。優勝は山梨学院（山梨）。

星稜
星稜高等学校。石川県金沢市。選手権出場29回。優勝1回（第93回）。主なOBは本田圭佑、松井秀喜（野球）。第100回大会に石川県代表として選手権出場。

作陽
岡山県作陽高等学校。岡山県津山市。選手権出場24回。主なOB・OGは青山敏弘、渋野日向子（ゴルフ）。

た。一方、西側の西日本放送のアナウンサーはベンチリポートの担当になります。つまり、地元局アナにとって全国大会の実況チャンスは2年に1回。実況放送席は、まさに夢の舞台であり、この1試合に懸ける思いはとても強く、深いのです。

もう少しだけご紹介すると、放送は合わせて6人のアナウンサーが関わります。

・実況アナウンサー　1人
・ベンチリポート　2人
・スタンド応援席リポート　2人
・サブアナウンサー　1人

若いアナウンサーは、ベンチリポーターや応援席リポーターを何年も経験しながら、来るべき実況担当に向けて力を蓄えます。また特徴的なのは実況アナウンサーの隣で、主にシュート数やオフサイドなどのデータ収集を担当する「サブアナウンサー」です。実はこのサブアナウンサーを経験することで、実況席でどんなふうに実況すればいいのかという「実況への実地訓練」が行われているのです。こんなふうにして、普段は別々のテレビ局で働いているアナウンサーから多くを学び成長します。その中で実況アナウンサーたちの絆が深まっていくのです。

テレビ金沢
株式会社テレビ金沢。略称はKTK。本社は石川県金沢市。

西日本放送
西日本放送株式会社。略称はRNC。本社は香川県高松市。

各地元局のエースが東京に

高校サッカーのアナウンサー派遣については、各テレビ局ともエース級の人材を送り込んできます。特に2年に1回しかない実況の機会ですから、実力はもちろんのこと、メンタルの強さも求められます。その一方で2年に1度の実況担当年ではない局は、数年後に実況をまかせられる有望なアナウンサーを送り込んでくる場合があります。高校サッカー中継は地元局アナにとって、真剣勝負であり成長の場でもあるのです。

初参加アナウンサーの受ける衝撃

そんな集団の中に初めて飛び込んでくるアナウンサーが毎年、数人います。多くは前任者である先輩からの引き継ぎを受けて大会に乗り込んできますが、話を聞いていた以上の衝撃を受けるアナウンサーも多くいるようです。

ここからは一緒にこの本を書いていくことになる福岡放送の福岡竜馬アナウンサーと札幌テレビの岡崎和久アナウンサーにも参加してもらいます。

この2人とは、私が現役の高校サッカーアナウンサーだった頃からの付き合いで、2人の実況を私がチェックしたことがきっかけで交流を深めることになりました。東京、

福岡放送
株式会社福岡放送。略称はFBS。本社は福岡県福岡市。

札幌テレビ
札幌テレビ放送株式会社。略称はSTV。本社は北海道札幌市。

福岡、札幌と距離は離れていましたが、年末が近づくと、互いの高校サッカーへの思いをぶつけながら情報交換をしていたものです。今回、引退しても高校サッカーに貢献したいという私の思いを汲み取って、協力してくれることになりました。ここに、感謝を伝えておきます。

それでは、まずは、強豪チームがひしめく福岡の地元局アナとして準決勝の実況経験もある福岡竜馬アナウンサーに登場してもらいます。

全国大会が始まる1カ月ほど前に、すべてのディレクター、アナウンサーが集まりスキルアップを図る「研修会」が開催されるのですが、ここで受けた衝撃について書いてくれました。恒例となっている「自己紹介」での出来事です。

地元局アナの証言　福岡竜馬アナ（福岡放送）

大会議室での自己紹介

「何だ、この人たちは」

2006年11月某日、日本テレビの大会議室で行われた研修会。

初参加の私は圧倒されたのをよく覚えています。

福岡竜馬

福岡放送アナウンサー。1998年入社。サッカーや野球などスポーツ実況を多く担当する。

高校サッカー選手権の放送に向けては例年11月、東京での「組み合わせ抽選会」に合わせて、民間放送43社のディィレクター、アナウンサーが一堂に顔を揃える研修会が行われます。各局、少なくともディレクター1人、アナウンサー1人が参加する上、日本テレビからは数十人が参加するので、体育館ほどの大きさはある大会議室が満杯になる規模です。周りを見渡すと、年齢層は当時の私と同じ20代から、50代とおぼしき大ベテランまで。初参加の私は少々おびえながら日本テレビのロビーを通過し、会議室に入っていった覚えがあります。

あの時のことを、振り返ってみたいと思います。

会議が始まると、司会のアナウンサーが「北の局から順番に1分間の自己紹介をお願いします」と一言。

正直言って私は、先輩からこのような時間があることを告げられていなかった。「事前に教えといてくれよ」という思いと共に、「北からの順番なので、九州は終盤だ。考える時間はあるな」と、他の方々の自己紹介を眺める余裕があった。

しかし、である。この自己紹介を、みんなまるで1年間温めてきましたというくらいの熱量で「披露」していく。さらに怖いのが、全員が全員、爆笑をかっさらっていくのだ。「前回大会で皆さんにお披露目した彼女とは、いまだに続いています」やら、「今朝のロンドンは曇り、ヒースロー空港経由でやってきました、世界のＢＢＣです」やら…。

このＢＢＣはもちろん英国放送協会のＢＢＣではなく、滋賀のびわ湖放送なのだが、

びわ湖放送

びわ湖放送株式会社。略称はＢＢＣ。本社は滋賀県大津市。

そんなことは関係ない。毎年の鉄板ネタなのだろう。みんなが腹を抱えて笑っている。

ここであることに気がついた。全員が全員、全くと言っていいほど1分間のしばりを守らないのだ。長い人では3、4分。時間管理が仕事のアナウンサーなのに、である。司会のアナウンサーも多少の焦りを感じ「巻き」のジェスチャーをするのだが、司会者自身も司会台をたたきながら爆笑し、容認している。

「何なんだ、この人たちは」

初めて目の当たりにする光景に圧倒されていた。

そんな中で私は初参加、身も凍る想いをしながら自分の番を待っていた。北の局から始まり関西の局を過ぎた頃には、会場のみんなはもうお腹一杯という表情。

草なんて一本も生えていないのだ。

ただそれだけ、各局から派遣されてきたアナウンサー、ディレクターは、ほぼ1年ぶりの再会を楽しみにし、一緒に高校サッカーの仕事ができる日を心待ちにしている、ということだけは伝わってきた。みんな、高校サッカーを愛しているのである。

「この人たちは、いかにこれまで濃い時間を共にしてきたのだろう」

陳腐な言い方かもしれないが、まさに「家族」「ファミリー」と久々に再会を果たせた瞬間なのだろう。

さて、どんな自己紹介にするべきか。

自身の話で恐縮だが、ありがたいことに私は「福岡」という名字で、福岡の出身。つまり、福岡放送の福岡なのだ。

この福岡という名前だけでも覚えていただこうと「福岡放送の福岡です」と、これにすべてを懸けようと決め、自己紹介を準備して待っていた。

自己紹介の順番は関西を越え、中国地方、そして四国へ入っていく。

いよいよ九州に順番が回ってくると待ち構えていたその瞬間、私は耳を疑った。


「皆さん、こんにちは。高知放送の河内（こうち）です」

名前ネタまで先を越された瞬間だった。

まさか、福岡放送の福岡さんの直前に、高知放送の〝こうち〟さんが立ちはだかるとは。

こんなできすぎた話はあるのだろうか。目の前が真っ白になった。

もうその後、どんな自己紹介をしたか全く記憶がない。

笑いなんて取れた記憶は、もっとない…。


後に、この全員が自己紹介をする時間は惜しまれつつ縮小されました。ただ「高校サッカーを伝える仕事」を愛している人たちの心の結束は、自己紹介がなくなった今でも揺るぎません。皆さんがスタジアムですれ違うかもしれない民放43社の放送スタッフたちは、必死に、でも、幸せそうに中継をしているはずです。

全国大会の中継は普段は別のテレビ局で働いているアナウンサーたちが力を合わせて

高知放送
株式会社高知放送。略称はＲＫＣ。本社は高知県高知市。

河内真
高知放送アナウンサー。１９９６年入社。「こうちｅｙｅ」などに出演。

お届けしています。そのチームワークとファミリー感は間違いなくこの自己紹介から生まれていました。私もみんなが集まる「大会議室」で爆笑しながらみんなの自己紹介を聞いていたものです。

さて、続いても初参加の衝撃をお伝えします。冬の厳しさとも戦いながらチームの強化を図ってきた北海道において、その苦労や喜びを伝えてきた札幌テレビの岡崎和久アナウンサーです。

地元局アナの証言　岡崎和久アナ（札幌テレビ）

「チーム高校サッカー」は、圧倒的なエネルギーを放つ

あれは忘れもしない12月30日夜。本来の集合時間は12月30日夕方の全体会議からでしたが、社内調整がうまくいかず、私はラジオ番組の中継業務を終えてから、大幅に遅れて東京に着きました。みんなで宿泊するホテルに着いたのは夜でした。

私はチェックインをしてすぐに、アナウンサーが打ち合わせをしたり、お酒を飲みながら語り合ったりする場所に向かいました。

その通称は「白鳥の間」。私はその入口まで走って近づき、扉を勢いよく開けました。

岡崎和久

札幌テレビアナウンサー。2001年入社。スポーツ実況のほか、「どさんこワイド」なども担当。

部屋は湯気が出るほどの熱気。アナウンサーたちが缶ビール片手に熱弁を振るっていて、その勢いに私は圧倒されました。見渡すと、広い部屋には4グループほどの集団の輪ができており、先輩が後輩に熱くアドバイスをするグループ、高校サッカーの思い出をとめどなく話すグループ、お互いにふざけあって笑い合うグループなどに分かれていました。どのグループもエネルギーに溢れ、私はすぐに挨拶ができず呆然としてしまいましたが、1人の若手の地方局アナウンサーが私の様子に気づき、「新しいアナウンサーか制作スタッフがいるぞ」と声を上げてくれました。私はその声で我にかえり、皆さんに大声で挨拶をすることができたのです。

「北海道からやってきました。札幌テレビのアナウンサー岡崎です。初参加です。ラジオの中継があり、今到着しました。ここからよろしくお願いします!」

熱気の中に放たれた私の声はすぐに立ち消え、周囲からまばらな拍手が起こりました。心の中で、「最初はまあこんなもんだろう。ここからうまく馴染んでいこう」。そう思った瞬間、大御所のオーラを持つ地方局の大先輩がおもむろに立ち上がり、「岡崎君、ちょっとこっちにおいで」と、落ち着いた口調で、白鳥の間の窓際のスペースの方へ私を手招きしました。

「どうぞよろしくお願いします」

その先輩と目が合った瞬間、どちらかというと細い目がきっと見開き、鋭い眼光に変わったのが分かりました。

「君は会社を代表して派遣されている、北海道を代表して派遣されている、北海道の高校生や指導者の想いを背負って戦ってくれというメッセージで派遣されている。なぜラジオの中継があるから仕方なく遅れました。遅れて当然という雰囲気でやってきた？それはおかしい。最大限、社内で高校サッカーを優先できるように調整はしたのか？もしできなかったのなら、今の挨拶をする時に先輩たちの前でもっと申し訳なさそうにするのが筋だ。一緒に戦う仲間なのだから」

遅刻した分、勢いのある挨拶をして、自分の存在を覚えてもらおうという安直な考えは恥ずべきものであると分かりました。選手たちと同じように郷土の誇りを抱きながら、全国のアナウンサーと共に戦うことの重要性を、私は熱い言葉で叩き込まれたのです。その後、およそ90分間、ありがたい話（説教ともいう）の洗礼を受けました。チーム高校サッカーは「仲間であり、選手と一緒に戦う集団であり、お互いに敬意を払った上で本音をぶつけ合う集団である」と新参者の私に教えてくれたのです。あのハーフタイムなしの90分間は、今でも忘れられません。

日本テレビ系にとどまらない協力

実は日本テレビ系は、すべての都道府県に系列のテレビ局があるわけではありません。沖縄と宮崎がその例で、高校サッカーの時期だけは例えばフジテレビ系やTBS系のテレビ局とも力を合わせます。ですから高校サッカーの前に、全国高校ラグビーの中継を担当していたというアナウンサーが合流してくることもあります。

ある年の1回戦、キックオフ前のオープニングコメントで、「待ちに待った全国の舞台、さあ今、両チームのフィフティーンが姿を現しました」と実況してしまった仲間のアナウンサーもいて、この放送は「試合前から選手が4人多い事件」として今でも語り継がれています。

一方、全国大会は、「地元U局」と呼ばれる地元に根差したテレビ局とも力を合わせて放送します。例えば、関東ではテレビ神奈川や千葉テレビ、テレビ埼玉など、関西ではKBS京都や兵庫のサンテレビ、滋賀のびわ湖放送、また中部では三重テレビや岐阜放送も一緒に放送をつくり上げます。

各都道府県の決勝はこういった地元テレビ局が中継を行いますので、地元局アナウンサーが持つ代表校の情報量は半端なものではありません。そのアナウンサーたちが東京に集まって一緒に全国大会の放送をするのです。

普段は絶対に一緒に仕事ができないアナウンサーと同じ目標を持って放送をするのは

沖縄テレビ
沖縄テレビ放送株式会社。略称はOTV。本社は沖縄県那覇市。フジテレビ系列。高校サッカーを中継する。

宮崎放送
株式会社宮崎放送。略称はMRT。本社は宮崎県宮崎市。TBS系列。高校サッカーを中継する。

テレビ神奈川
株式会社テレビ神奈川。略称はｔｖｋ。本社は神奈川県横浜市。

千葉テレビ
千葉テレビ放送株式会社。愛称はチバテレ。本社は千葉県千葉市。

大きな楽しみで、年末の再会を、毎年心待ちにしていました。またこういった地元密着のアナウンサーたちがとんでもない情熱を持って全国大会のマイクに向かうので、選手たちはどんな思いで今大会に臨んでいるのか、地元代表校はどんなサッカーをするのか、その実況を聞くだけでも大変勉強になりました。

ただ、大会前に食事をしながら行う各代表校の戦力分析会を行うと、「今年はうちの優勝で間違いない」と言う地元局アナが必ず４、５人はいますので、下馬評盛んな食事の席は大笑いとなります。私たちはこうして、選手や指導者の思いをどうやって放送で伝えようかと真剣に話し合っているのです。

テレビ埼玉
株式会社テレビ埼玉。愛称はテレ玉。本社は埼玉県さいたま市。

ＫＢＳ京都
株式会社京都放送。略称はＫＢＳ。本社は京都府京都市。

サンテレビ
株式会社サンテレビジョン。略称はＳＵＮ。本社は兵庫県神戸市。

三重テレビ
三重テレビ放送株式会社。略称はＭＴＶ。本社は三重県津市。

岐阜放送
株式会社岐阜放送。愛称はぎふチャン。本社は岐阜県岐阜市。

第2章

取材が命

最強の地元局アナ

私たちアナウンサーにとって、取材をする上で最も大切なのは「取材対象者に心を開いてもらうこと」です。いくら全国大会の取材だからと言って、いきなり県外から取材に来たアナウンサーにすべてを話してくれるはずはありません。そんな時に私たちが最も頼りにしているのが地元局のアナウンサーなのです。もちろん、毎年全国大会で一緒に放送をつくっている仲間ですが、こういった取材の時には仲介役となって取材をサポートしてくれるなど、心の底からありがたい「最強の味方」なのです。

ここからは自らも地元局アナである福岡放送の福岡アナウンサーに、とんでもない情報量を誇るある地元局アナを紹介してもらいます。

地元局アナの証言　福岡竜馬アナ（福岡放送）

監督、選手からの信頼を得ること【三重・四日市中央工】

地元局アナは、いったいどこまでチームに精通しているのでしょうか。

私にとって最強の地元局アナと言えば、長年にわたって三重代表の四日市中央工、通

四日市中央工
三重県立四日市中央工業高等学校。三重県四日市市。選手権出場34回。優勝1回（第70回）。主なOBは小倉隆史、中西永輔、坪井慶介。

称「四中工」を取材してきた三重テレビの平田雅輝アナです。ここでは私が四日市中央工の取材を行い、平田アナにチームの現状について聞いた時の話をお伝えします。

選手や監督を学校で取材した後、地元のアナウンサー面々と食事に行った時のこと。選手の名前を出しただけで、平田アナからはこんな風に答えが返ってきます。

「あー、あの選手は第○回大会の時に、左サイドバックだった選手の甥にあたるのよ」

「あー、あの選手は第○回大会の時、中盤をやっていた選手の次男。プレースタイルもそっくりで、特徴は…」

ほぼ、すべての選手の血縁関係や生い立ち、家族構成まで、完璧に頭に入っています。さらに驚くのは、この時すでに平田アナは三重大会の実況を後輩に譲っていました。つまり、自分が実況する機会はないのに、チームを完全に把握しているのです。聞くところによると、三重テレビの平田アナは1年を通して四日市中央工を取材し、週末に休みが取れる時は、四日市中央工の試合のほとんどを見に行って取材を重ねていました。ですから、三重大会が始まる前から「四中工の試合が実況できる」状況になっていたのです。さらに平田アナは「四中工50年の歩み」と題して、創部から現在までの四日市中央工の歴史をなぜか1人でまとめ、年ごとの結果、メンバー、エピソードを事細かに記し、自らが実況したデータ、エピソードもほぼすべて記録し、頭に残っているそうです。

監督、選手からの信頼を得ること。

言葉にすると簡単に聞こえますが、ここまで徹底するのは簡単ではありません。そん

平田雅輝

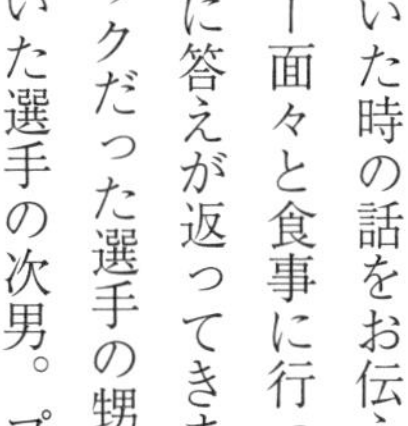

三重テレビアナウンサー。1994年入社。高校サッカー、高校野球などスポーツ実況を担当。

な平田アナですから、特に、当時の四日市中央工の監督で名将、樋口士郎監督からの信頼は厚かったそうです。私たちにとっては有名なこんなエピソードがあります。

2012年度の第91回大会を前にしてのことです。浅野拓磨と田村翔太のダブルエースを擁し注目されていた四日市中央工。ただ、2人ともエースナンバーである「17」(元日本代表・小倉隆史さんが高校時代に付けていたナンバー)を付けたがらなかったそうです。そんな2人に対して、樋口監督の前で平田アナが口を開き、17番の重み、17を付ける意味、伝統校としての使命など、延々と選手に諭したことがあったそうです。その甲斐もあってか、その年の背番号17番は田村が付け、16番を浅野が付けたということです。

平田アナは、監督、選手もおそらく認めていた「スタッフの一員」だったのです。

高校サッカーの放送を見ていて「いろいろなエピソードが出てくるな」と感じる人も少なくないと思います。そのエピソードは、こういった最強の地元局アナが靴をすり減らして、多くの時間を使って手に入れたのかもしれません。

第100回大会でも、「この情報は地元局のアナウンサーが日々グラウンドに通って聞き出したのかな」と思いを巡らせながら、耳を傾けていただければ幸いです。

第91回大会
2012年12月30日から2013年1月19日に開催。優勝は鵬翔(宮崎)。

浅野拓磨
1994年11月10日三重県出身。四日市中央工。第89回、第90回、第91回に出場。第90回では得点王を獲得。卒業後はサンフレッチェ広島→アーセナル(イングランド)→シュトゥットガルト(ドイツ)→ハノーファー96(ドイツ)→パルチザン・ベオグラード(セルビア)を経て、ボーフム(ドイツ)に所属。

その土地ならではのサッカースタイル

高校サッカー選手権の中継をご覧になって、お気づきの方もいらっしゃるかもしれませんが、実況担当やベンチリポートのアナウンサーは、そのチームの選手情報にとても詳しいことが分かります。選手たちは、普通の高校生であるにも関わらずです。選手１人１人に取材をすること、これが高校サッカー担当アナウンサーの大切にしている姿勢です。２年生の時にレギュラーとして試合に出場したけど、ＰＫを外して先輩を全国に連れていけなかったとか、全体練習終了後に左足でのシュートにこだわって１００本打つまで家に帰らないとか、実家がお弁当店を営んでいてチームの勝負飯になっているなど、聞いただけでその選手を応援したくなるような情報、実はこれが高校サッカー中継を側面から支えているのです。

その一方で、チーム戦術には監督の考え方や、その土地ならではの理由があって、これがとても面白いのです。例えば当時高校３年生だった大迫勇也選手擁する鹿児島城西の小久保悟監督は、高校時代は鹿児島県内でサッカーをしていましたが、関東の大学に進学してサッカー部に入ると、当時全盛だった九州の力強いサッカースタイルはそこにはなく、パスを繋いでゴールに向かうサッカーが展開されていたそうです。多くの選手がボールを触り、パスを繋ぐ。全く違うサッカーに驚くとともに、サッカーの新たな楽しさを知ったというのです。

「このサッカーを鹿児島の子どもたちにも楽しんでもらいたい」

田村翔太
１９９５年２月４日愛知県出身。四日市中央工。第90回、第91回に出場。卒業後は湘南ベルマーレ→福島ユナイテッド→ロアッソ熊本を経て、ＪＦＬの鈴鹿ポイントゲッターズに所属。

小倉隆史
１９７３年７月６日三重県出身。四日市中央工。第68回、第69回、第70回に出場。第70回では優勝。卒業後は名古屋グランパス→エクセルシオール（オランダ）→ジェフユナイテッド市原→東京ヴェルディ１９６９→コンサドーレ札幌→ヴァンフォーレ甲府を経て２００５年に引退。

それが後に、鹿児島城西が目指すサッカーの基礎となりました。第87回大会の鹿児島城西はエース大迫選手を中心に快進撃を見せ全国大会の決勝に進みました。失点も多いけど、みんなで必死にボールを運び、得点を重ねる戦いぶり。決勝では惜しくも3―2で敗れ、広島皆実に優勝旗を譲りましたが、決勝で挙げた2点はいずれも、パスを繋いで奪ったゴールだったのです。

こんな背景をお伝えできれば、チームの哲学を感じながら試合を見ていただけるのではないでしょうか。例えば「今日はロングボールを使ったぞ、いつもと違うな」とか、「今日もほとんどパスが胸より上に上がらないな」など、ご自身の見方でサッカーを楽しめるようになるのではないでしょうか。プロクラブであれば、その哲学はサポーターの皆さんにも浸透していると思いますが、高校生の試合ではなかなかそうはいきません。初めてテレビで見る選手にも声援を送ってもらえるように、チームの戦い方から試合の面白さを皆さんそれぞれに感じ取ってもらえるように、私たちはできるだけ多くの取材をしようと試みています。

では、実際にはどんなポイントに絞って、どんな取材をしているのか。自らも現場での取材にこだわる岡崎アナウンサーの取材経験を伝えてもらいます。

大迫勇也
1990年5月18日鹿児島県出身。鹿児島城西。第87回に出場。1大会最多の10得点を記録。卒業後は鹿島アントラーズ→1860ミュンヘン（ドイツ）→1．FCケルン（ドイツ）→ヴェルダー・ブレーメン（ドイツ）を経て、ヴィッセル神戸に所属。

鹿児島城西
鹿児島城西高等学校。鹿児島県日置市。選手権出場7回。

第87回大会
2008年12月30日から2009年1月12日に開催。優勝は広島皆実（広島）。

地元局アナの証言　岡崎和久アナ（札幌テレビ）

寮から15秒でグラウンド［福島・尚志］

なぜ現場取材に各アナウンサーはこだわるのでしょうか。

私たちの考える答えは、「現場に行くとチームの歴史、背景、サッカー戦術、想いを全身で感じられるから」なのです。ここでは、東日本大震災から10年、震災復興と共に歩みを続ける福島の強豪校・尚志を取材した時の話をお伝えします。この時も現場に行ったからこそ多くのことを感じることができました。

尚志の仲村浩二監督が赴任したのは１９９８年。当時はサッカー部専用のグラウンドもなく、監督としての最初の仕事は草むしりと石拾いだったそうですが、私が学校を訪れると２０１２年に完成した人工芝のグラウンドが目の前に広がっていて、鮮やかな緑の人工芝の前にはサッカー部員たちが生活する寮も併設されていました。グラウンドまでの移動時間は15秒という近さです。全国津々浦々、様々な高校に取材をしてきましたが、初めて見る光景でした。

この環境のおかげで選手たちは、全体練習だけでなく自分のタイムマネジメントによっていつでも「追加練習」ができるのです。このことは別の効果を生んでいて、Ｂチームにいる選手が毎日のように早朝練習をしている姿はレギュラー選手たちを刺激します。

広島皆実
広島県立広島皆実高等学校。広島県広島市。選手権出場16回。優勝１回（第87回）。主なＯＢは森重真人、吉田拓郎（シンガーソングライター）。

尚志
尚志高等学校。福島県郡山市。選手権出場11回。第１００回大会に福島県代表として選手権出場。

また、レギュラーの選手が自主練習に力を入れていると、控えの選手はもっと練習しようと励む循環が生まれていたのです。別の言い方をすればレギュラー選手が常に危機感を持てる環境であり、努力する選手たちに敬意を払える環境でもあるのです。

その敬意がやがて選手間で共有され、「一体感」に繋がっていくのだと強く感じました。この「一体感」は、染野唯月選手へのインタビューからも伝わってきました。

「競争する心をチーム全体で常に持ち続けることがチーム力アップに繋がります。見ていて楽しいパスサッカーがチームコンセプトですが、その土台は、仲間への信頼感やリスペクトにあります」

一方の仲村監督はこのグラウンド環境を別の視点から解説してくれました。

「寮の前にグラウンドがあるのは、好きなサッカーに最も打ち込める環境です。サッカーを楽しむ気持ちから生まれるアイデア、創造力が尚志のサッカーの魅力でありストロングポイントになっていきます」

試合中に監督が常に声をかけている言葉があります。それは「楽しめ、楽しめ」。

私にとっては、同じグラウンドで努力してきた仲間たちとの一体感を「楽しめ」と言っているようにも聞こえました。それはピッチ内外に通じる一体感でもありました。

第100回大会では、尚志はもちろん、震災から10年、地域を勇気づけたい、元気づけたいという思いを持った東北勢の高校も出場します。私たちアナウンサーもコロナ禍の収束を見据えながら、現場に足を運べる日を待ち続けています。

染野唯月

2001年9月12日茨城県出身。尚志。第96回、第97回に出場。卒業後は鹿島アントラーズ入団。

さて一方で、現場取材をしていると地元ならではのハプニングや、県外アナウンサーの面白い取材エピソードなどが生まれ、伝説となって語り継がれていきますが、ここで、再び札幌テレビの岡崎アナウンサーに伝えてもらいます。沖縄のアナウンサーが冬の北海道に取材に来た時の伝説エピソードです。

地元局アナの証言　岡崎和久アナ（札幌テレビ）

雪国の取材・南北対決 ［北海道・旭川実］

全国大会では各地の代表校が首都圏に集いますが、チームの練習環境などに分かりやすい差が出るのは、「北海道vs沖縄」の南北対決です。第88回大会では北海道の真ん中にある旭川実と沖縄本島南部の南風原、約2360キロも離れた学校同士の1回戦が実現し注目されました。

この試合の実況担当は先輩である沖縄テレビの古川貴裕アナウンサー。沖縄は12月でも気温が20度を超える日も多く、夜も午後6時ごろまで明るいとのこと。一方の北海道は、気温は氷点下、雪も降り夕方4時には暗くなります。特に、旭川実のある旭川は豪雪地帯で、真冬の12月は雪で一面真っ白です。そのため旭川から片道3時間をかけて雪

第88回大会
2009年12月30日から2010年1月11日に開催。優勝は山梨学院（山梨）。

旭川実
旭川実業高等学校。北海道旭川市。選手権出場7回。

南風原
沖縄県立南風原高等学校。沖縄県島尻郡南風原町。選手権出場1回。

の少ない北海道南部の苫小牧まで移動して練習することもあります。直線距離140キロ、東京・新宿から静岡市までの直線距離とほぼ同じです。

さてさて沖縄テレビの先輩アナウンサーが取材に来たのは、苫小牧の練習場でした。旭川実の富居徹雄監督からも「沖縄から来られるなら、暖かくして来てください」と言われていたようで、先輩は持っていた最も暖かい恰好であるセーターとベンチコート1枚で意気揚々と練習場に到着しました。ただ、北海道で長年生活した私には分かりました。明らかにこのベンチコートでは厚みが足りない。

丸1日かけて沖縄から北海道まで移動し、「思ったよりも寒くない」と白い歯を見せながら練習を見学していましたが、その後、先輩の様子がどんどん変化していきます。サッカー実況風にお伝えいたします。

前半15分、時間の経過と共に、日焼けした浅黒い顔から少しずつ笑顔がなくなっていきます。あ、ついに、メモをとっていた手が止まりました。

前半25分、ずっと立っていた先輩ですが、耐え切れずしゃがみ込んでしまいました。ブルブル震えだしているようです。一言聞いてみたいと思います。

「大丈夫ですか」

「うん、大丈夫」

前半40分、もう一度様子を聞いてみましょう。

「大丈夫ですか」

古川貴裕

沖縄テレビの元アナウンサー。1997年入社。

「うん…」

後半10分、グラウンドの横でなぜかアップを始めました。やや不思議な動きです。何度も上を見ています。練習を全然見ていません。テンションもややおかしいようにこちらからは見えます。

ここで、後半の飲水タイムに入りました。

あ、旭川実の選手から「使いますか」と北海道仕様の厚手のベンチコートが差し出されました。こちらもホッとします。え！　おおっと！　断ったようです。断りました！

本当に大丈夫でしょうか、今後の動きが注目されます。

後半39分、あ、今、強制的に旭川実側から厚手のベンチコーチが手渡されました！

ああ、やはりやせ我慢をしていたようです、安堵の表情が確認できます。

しかし、ここで練習終了のホイッスル！

先輩は、練習後、富居監督に正直な告白をしました。

「北海道を舐めていました。ほぼ練習を見ていません」

南北対決はこの日、北の圧勝で幕を閉じました。

ある名将の言葉で、私が大事にしている言葉があります。それは「素直さこそ力なり」です。素直にベンチコートを受け取れなかった古川アナですが、人柄はとても素直で、どこに行っても愛される先輩です。まさに人徳です。あのベンチコートを断ったのは、取材でお世話になっているのに、ベンチコートまでお世話になるわけにはいかないと考えたからでしょう。実は、旭川実の富居監督もその日のうちに先輩のことが好きになり、練習後は全部員に話を聞けるようにと、たっぷり取材時間をとってくださいました。なお、先輩の名誉のためにお伝えしますと、翌日は苫小牧から旭川に移動して、学校でも熱心に取材をしていました。

また、当時旭川実サッカー部は、奥行25メートル、幅8メートルの室内練習場、通称「ハウス」とよばれる狭いスペースを活用し練習していましたが、限られた環境だからこそ技術を磨くという逆転の発想に、先輩は感銘を受けていました。

実際全国大会の試合中継で先輩は「南のチームには絶対勝ちたい」という旭川実の選手たちの想いを多彩な言葉で表現するだけでなく、自ら体感した練習環境の違いを、説得力を増した言葉で視聴者に伝えていました。ただ、どんなに寒くても、どんなに暑くても勝敗がつく厳しい闘いです。だからこそ、どんな背景でここまで努力をしてきたのかを伝えたいのです。徹底した取材で得たフィールド外の情報も織り交ぜて、各アナウンサーは全国大会の中継をつくり上げるのです。

各アナウンサーがいかに取材対象に愛情を持って接しているかが、お分かりいただけたでしょうか。こうしたアナウンサーたちの情熱を結集して、高校生プレーヤーの思いが全国に伝えられているのです。

さて続いては、優勝候補チームへの取材についてのエピソードをお伝えします。優勝候補となれば、決勝まで進むとして最低5試合は行います。それぞれの試合に実況アナウンサーが配置されていますので、それだけそのチームを取材したいというアナウンサーが増えることになります。そんな時、優勝候補チームを抱える地元局アナウンサーはどう対応したのか。ここからはあの国見、そして島原商を擁する長崎のテレビ局、長崎国際テレビの佐藤肖嗣アナウンサーに伝えてもらいます。

地元局アナの証言　佐藤肖嗣アナ（長崎国際テレビ）

地元の名門と共に ［長崎・国見］

長崎と言えば、通算24回出場の島原商や通算23回の出場で戦後最多タイの6回の優勝を誇る国見がその名を轟かせてきました。私は国見が優勝回数を増やしていた全盛期に高校サッカーに携わっていました。青と黄色の縦縞のユニフォームを身に着けた丸刈りの高校生が「疲れを知らないのか」と感じさせるくらいに一試合を走り抜く姿。そして、何点取ろうが変わらない攻めの姿勢に高校サッカーファンなら誰しもがその記憶を胸にとどめていらっしゃるのではないでしょうか。

全国高校サッカー選手権の期間中は系列のディレクターやアナウンサーが一堂に会することから、挨拶やコミュニケーションを取るのに苦労します。しかし、私は恵まれて

国見
長崎県立国見高等学校。長崎県雲仙市。選手権出場23回。優勝６回（第66回、第69回、第71回、第79回、第80回、第82回）。主なＯＢは高木琢也、大久保嘉人、平山相太。

島原商
長崎県立島原商業高等学校。長崎県島原市。選手権出場24回。優勝１回（第63回）。

長崎国際テレビ
株式会社長崎国際テレビ。略称はＮＩＢ。本社は長崎県長崎市。

いました。

「君が長崎の佐藤君か、国見はどう」「今年の中心選手は誰」「Jリーグの内定者はいますか?」などと、先輩、後輩に関わらず、向こうから声をかけてくれるのです。特に若い頃は自分から先輩のもとに出向かなければいけないところを、国見という強豪校のおかげで短い時間でコミュニケーションが取れていて、そのことをありがたく思っていました。ただ、必ずと言っていいほど声をかけられるので、組み合わせ抽選会の時点で自分なりにチームの細かい分析をしておくことが常でした。

また、これは長崎だけではありませんが、伝統校や強豪校と言われる出場校がある地域のアナウンサーには、全国大会の組み合わせが決まった直後から、多くのアナウンサーから連絡が入ります。それこそ決勝戦の実況アナウンサーから連絡が入ることも珍しくありません。

「佐藤君、12月の半ばくらいに取材に行きたいけど、いい日はある?」などといった感じです。

全国レベルで注目度が高かった国見は、取材依頼が殺到していました。しかし取材対象者は高校生です。多感な時期ですから、ちょっとしたことでもメンタルに悪影響を与えます。また、こうした取材が重なれば全国大会まで1カ月余りの貴重な練習プランもスケジュール通りに進まなくなります。

そこで国見が考案したのが「合同取材日」でした。かつてはそうではなかったようですが、私が全国高校サッカー選手権を担当するようになった1995年頃にはすでにそ

佐藤肖嗣

長崎国際テレビアナウンサー。1994年入社。「news every.」などを担当。

うなっていました。当時の国見サッカー部は12月の上旬に1日だけ「合同取材日」を設定し、その日以外は基本的に練習などの取材はＮＧとなります。プロチームで言えば、「マスコミ対応日」と「非公開練習」を設定するようなものです。

　しかし、その代わり合同取材日は様々な依頼に対してオープンに対応してくれました。控えの選手が取材担当者のそばに付いていてくれて、取材陣が撮影したい選手がどこにいるかを教えてくれたりもしました。

　その一方で取材陣が大人数になると、地元局アナである私にも、「佐藤さん、〇〇選手はあの青いスパイクの選手ですか？」などと質問が飛び、本来は取材者である私自身も、他局の同僚アナウンサーたちの仲介役を担いました。

　一方の選手たちも、その合同取材日は少し柔らかめの表情を見せていました。またその日は小嶺忠敏監督自身も選手たちに盛んに言葉をかけたりして盛り上げていました。ただ取材日でも、根っこの部分に関して言うと何も変わっていなくて、多くの取材陣が来ても選手たちは浮かれません。そのぶれないメンタルが名門校の強さの秘密ではないかと感じたものです。

　また、当時の国見は例外を除いて方針が徹底していました。ですから全国の系列のアナウンサーから取材日程の相談をされても、「今年の合同取材日は〇月〇日です。来ることができますか？」と伝えることしかできず、それが当時の合言葉のようになっていました。

　さらに、多忙な小嶺監督にアポイントメントを取ることも当時はなかなか難しかったことを思い出します。当時、革新的だったのは、小嶺監督は国見の校長先生だったということです。校長を務めながらもサッカー部の総監督や監督を続けられていたのです。そんな多忙な小嶺監督ですから、学校に電話をしても出張などでつかまらないことも多く、電話に出た学校の先生方から「携帯電話の番号はご存じですか?」と、何度となく言われたものでした。実は小嶺監督の携帯電話番号は高校の先生か事務員の方にすでに教えていただいていたのですが、当時は、「そんなに簡単に監督の携帯電話を教えてもらっていいのだろうか」と思ったことを覚えています。学校の対応としてはそれが当たり前だったようですが、それだけ小嶺監督は忙しかったのです。

ただ、地元局アナウンサーだからこそ聞けた言葉も多くありました。2006年3月、国見を定年退職されたタイミングで単独インタビューの機会がありました。

教員生活の一区切りということで少し長めの時間をいただき、それまでは聞いたことがなかった思いも少し伺えました。

中でも小嶺監督が言ったこの一言が心に残っています。

「自分が死んだ後でも、ああすればよかったと思うのではと感じている」

百戦錬磨で名将と言われ、私たちから見るとどっしりと構えているように見えた小嶺監督でも、悩みながら模索しながら積み重ねていらしたのだと実感した瞬間でした。

そんな小嶺監督は今でも長崎で現役監督として高校サッカー界を牽引されています。

こうして、長崎にたくさんの同僚アナウンサーが来てくれましたが、正直に言うと、誇らしい気持ちが9割、煩わしい気持ちが1割でした。特に若い頃は、先輩たちがどんな点に注目して取材しているのかといったそれぞれの狙いを直接聞く機会が多かったことで、実況はもとより、自分の高校サッカー観や考え方が、いい形でより早く構築できたと思っています。

また、高校サッカーがなければ出会えなかった人たちや仲間が単純に増えて、それは今でもずっとうれしいことです。高校サッカーの仲間は今でも仕事だけではなく考え方などの面も含め、人間として付き合える存在です。

その一方で1割の煩わしかったことは、その期間、自社の仕事を抱えながら皆さんのアテンドをしなければならなかったこと。それこそ大忙しでした。休みの日も隣県の熊本で行われた練習試合などに顔を出して、系列のアナウンサーの対応をしたこともありました。でもまあそれも今思えば、うれしさ半分だったのだと思います。

そして長崎にいて何よりうれしかったのは、私たちアナウンサーの憧れでもある国立競技場に国見が何度も連れて行ってくれたことです。当時はその大会ごとに緊張していて、国立に来られた喜びに浸る余裕などは全くありませんでしたが、第79回大会の決勝戦、国見が大久保嘉人選手を擁し4度目の全国優勝を飾った後のことです。対戦相手のベンチリポーターだったアナウンサーにこんなことを言われたのです。

「佐藤さん写真撮らへん、国立なんてなかなか来られへんから」

そう言われた瞬間に、国立でベンチリポートをしていた自分が急に誇らしくなったことが、今でもよみがえってきます。

第79回大会
2000年12月30日から2001年1月8日に開催。優勝は国見（長崎）。

大久保嘉人
1982年6月9日福岡県出身。国見。第78回、第79回に出場。第79回では優勝。卒業後はセレッソ大阪→マジョルカ（スペイン）→セレッソ大阪→ヴィッセル神戸→ヴォルフスブルク（ドイツ）→ヴィッセル神戸→川崎フロンターレ→FC東京→川崎フロンターレ→ジュビロ磐田→東京ヴェルディを経て、セレッソ大阪に所属。

私も国見高校の取材のために長崎まで足を運んだことがありますが、至って普通の県立高校でした。ただよく見ると、学校のグラウンドは土なのに、不思議と照明設備だけは整っていました。実は私の大先輩にあたる日本テレビの舛方勝宏アナウンサーが「国見高校には照明設備が整っていないため、日没後は自家用車のヘッドライトをつけてグラウンドを照らし、ボールがよく見えるように石灰をボールにまぶして練習しています」と実況したところ、その後、照明設備が整えられたという逸話が残っています。

現地に赴かないと分からない発見があって、それが人の心を動かす実況に繋がるのだと感じました。今でも自分が仕事をする上での「芯」となっています。また今回は、たまたま私たちがこの本を書いていますが、私たちの先輩がつくり上げてくれた熱っぽい伝統の下に今があります。先輩への感謝も込めてこの後も文章を綴ってまいります。

さて、ここまでお伝えしてきたように実況担当のアナウンサーは、両チームの取材をするのですが、片方は日頃から取材をしている地元校です。しかしもう一方のチームは、まさに1から関係性をつくり上げなければなりません。相手チームの監督からすれば「なんで初戦の相手の地元局のアナウンサーが取材に来るんだ、情報を漏らすスパイではないか」と疑いたくなるでしょう。そんな気持ちは重々承知の上で、取材意図を丁寧に説明し、取材に応じていただきます。ただこのハードルを乗り越えるのはひと苦労です。そんな中、KBS京都の梶原誠アナウンサーは素敵なハードルの超え方を編み出していました。

舛方勝宏

日本テレビの元アナウンサー。1965年入社。アナウンサー時代には「NNNきょうの出来事」のほか、サッカー「トヨタカップ」（1984年ほか）などのスポーツも担当した名実況アナウンサー。

地元局アナの証言　梶原誠アナ(KBS京都)

スパイ疑惑と戦う県外アナ、でも真心は伝わる

情報戦とも言われる現代サッカーですが、もちろん高校サッカーも同じです。どの監督やスタッフも相手チームの情報を手に入れようとする一方で、自チームの情報が漏れることには非常にナーバスです。そのため中継のために両チームの情報を得ようとする私たちは「スパイ扱い」されることもよくあります。もちろん知り得た情報は中継スタッフで共有することはありますが、外へ漏らすことはありませんし、厳しく禁じられています。

一番緊張するのは、取材のアポイントを取ろうと初めて監督に連絡する時です。どんなにたくさんの取材を受けたことのある監督でも、顔を見たことがない者には、「情報を敵に漏らすのではないか?」と警戒されるのは当然です。組み合わせ抽選会の会場で監督にお会いして挨拶ができれば最高ですが、それができない場合もあります。そんな時は地元局アナが間に入って情報交換や取材日程の調整をするのですが、初出場校になるとやはり警戒され、ある高校の取材に訪れた時には、監督から開口一番、「君はスパイなの?」と冗談っぽくではありますが、言われたことがあります。ただ、中継体制や

梶原誠

KBS京都アナウンサー。1995年入社。「エキサイティング!J」で京都サンガのホームゲーム中継などを担当。

取材への思いをお伝えした後は、すべての監督が丁寧に取材に応えてくださいます。

さて、そういった「スパイ扱い」を何度か経験した私は「ある工夫」を始めました。それは、監督宛てに「手紙」を出すことです。取材の趣旨と自分の名前、携帯電話番号を書いて、学校へ送ります。電話でご連絡する方法だと「今は、授業中じゃないか」とか「電話口にわざわざ来てもらうことになるんじゃないか」などと何かと気を揉みます。携帯電話を教えてもらっていたとしても、最初は番号表示だけになるので、出てもらえないこともあります。かつては、何度もかけてやっと繋がることもあり、手間とストレスがかかりました。また最近は電子メールで連絡する方法もありますが、やはり手紙の方が、多くのメディアから取材依頼がある監督にも印象がつきやすいのではないかと考えました。何より「手紙」を出した後なら、自分から電話もしやすくなり、監督の警戒心も少し解けているように思え、自分自身が楽になったのです。手紙を出すようになってから取材やアポイントもスムーズにできることが多くなり、全国大会常連のある高校の監督からは「いつ取材に来られますか」と、先に電話を頂戴することまでありました。

全国大会用の取材のために、実況担当のアナウンサーは自局のレギュラー番組などを調整しながらスケジュールを組みます。限られた時間の中で、いかに効率よく取材を進めるかを優先的に考えます。そんな中で、一見、手間や時間がかかる手紙ですが、手書きの文字の方が自分の思いが伝わりやすく、監督の警戒心を少し和らげるようで、かえってスムーズに取材活動や人間関係がつくれるようになりました。

「直筆に想いをのせる」

今も昔も変わらない本質の部分です。

取材は日没からが勝負

さてここからは、練習が終わって「選手から高校生に戻った」時にどんな取材ができるかをお伝えします。

私も野洲の3年生だった乾貴士選手に、学校の教室内で取材をさせていただきましたが、白い上履きに制服姿の乾選手は新鮮でした。ボールを持たない選手の「オフ・ザ・ボール」の表情は今でも記憶に残っています。あの制服の乾選手がスペインで美しいドリブルを見せる。取材した選手の活躍は取材者にとっての小さな喜びでもあるのです。

さて、再び岡崎アナウンサーに登場してもらいます。岡崎アナウンサーもピッチ外での取材に深い思い出があるようです。そんな場所で取材したのか！　と私も驚きながら文章を読みました。

野洲

滋賀県立野洲高等学校。滋賀県野洲市。選手権出場10回。優勝1回（第84回）。

乾貴士

1988年6月2日滋賀県出身。野洲。第84回、第85回に出場。第84回では優勝。卒業後は横浜F・マリノス→セレッソ大阪→ボーフム（ドイツ）→フランクフルト（ドイツ）→エイバル（スペイン）→レアル・ベティス（スペイン）→デポルティーボ・アラベス（スペイン）→エイバルを経て、セレッソ大阪に所属。

地元局アナの証言　岡崎和久アナ（札幌テレビ）

どこでも取材現場になる　［千葉・市立船橋］

限られた取材時間で高校生の本音をどのように引き出すか。各地方局のアナウンサーは皆、頭を悩ませています。中には、高校生でありながらプロチーム入団が内定し、すでにプロ意識が芽吹き始めている選手もいて、彼らから高校生らしい本音をいかにして引き出すのか、ここはアナウンサーの腕の見せどころです。

高校サッカーの中継では、サッカーそのものを伝えることはもちろん重要です。しかし、プロとは異なり、まだ高校生である選手たちの「ピッチを離れた時の横顔」を楽しみにしている方もいらっしゃると聞いています。あれは第95回大会、プロ内定者3人を擁する千葉代表・市立船橋を取材した時のことです。私はどうすれば選手から素顔と本音を聞き出せるか、頭を悩ませていました。

杉岡大暉選手、原輝綺選手、高宇洋選手が当時すでにプロチームに内定していただけでなく、同学年の金子大毅選手、真瀬拓海選手もプロへと進み、下の学年を含めるとスタメン11人のうち7人が、後にプロになるこの強豪は、「市船サッカー部」としてのプライドと熱い闘志を持ちながら、非常にクレバーな戦いをする選手が集まるチームでした。すでに、チーム戦術、プレーに関しては3回の取材でしっかり聞き出せていたとい

第95回大会
2016年12月30日から2017年1月9日に開催。優勝は青森山田（青森）。

市立船橋
船橋市立船橋高等学校。千葉県船橋市。選手権出場23回。優勝5回（第73回、第75回、第78回、第81回、第90回）。主なOBは北嶋秀朗、鈴木大地（競泳）、橋本大輝（体操）。

杉岡大暉
1998年9月8日東京都出身。市立船橋。第94回、第95回に出場。卒業後は湘南ベルマーレ→鹿島アントラーズを経て、湘南ベルマーレに所属。

う感触を持っていました。しかし、プロ内定選手の高校生らしい一面は引き出せずにいたのです。

３回目の取材で学校を訪れたその日も、うまく聞き出せず、ある意味、敗北感を持って帰りのバス停に向かっていました。すると偶然にもキャプテンの杉岡選手をはじめ、３人の選手がやってきたのです。長年の経験から「ここだ」と直感しました。取材のお礼を言いつつバスで一緒に帰っていいか聞きました。私は駅までの15分間、千載一遇のチャンスを得たのです。

バスには他の乗客はほとんどいなかったため、後部座席を４人で独占するような状態でした。学生服に着替えた彼らは、グラウンドで見せるプロ選手のような威風堂々たる振る舞いとは違い、どこにでもいる等身大の高校生の姿でした。特に意外だったのは、グラウンドの闘将、絶対的な存在だった「キャプテン杉岡」が、周りの仲間たちから「いじられて」いたことです。私は一瞬見えた彼の高校生らしさにチャンスを感じ、矢継ぎ早に質問をしました。

「誰が一番学校内でモテるの？」「路線バス内でも勉強するような努力家は誰？」など、彼らがリラックスしている分、より深く話を聞くことができました。

その時、ある先輩から教えていただいた取材の基本を思い出していました。

「距離を縮めるのはグラウンドだけではない。すっぽんのように食いつく気概が必要なのだ」

そこに今度は私が一言、付け加えたいと思います。

原輝綺

１９９８年７月30日埼玉県出身。市立船橋。第94回、第95回に出場。卒業後はアルビレックス新潟→サガン鳥栖を経て、清水エスパルスに所属。

高宇洋

１９９８年４月20日神奈川県出身。市立船橋。第94回、第95回に出場。卒業後はガンバ大阪→レノファ山口を経て、アルビレックス新潟所属。

金子大毅

１９９８年８月28日東京都出身。市立船橋。第94回、第95回に出場。卒業後は神奈川大学→湘南ベルマーレを経て、浦和レッズ所属。

「食いつくことに失敗しても、口にえさが飛び込んでくることもある」と。どんな場所も立派な取材場所である、と改めて学んだバスでの取材でした。

地元局アナの証言　福岡竜馬アナ（福岡放送）

食事とお酒と必死のメモ　［群馬・前橋育英］

高校サッカーで各高校に取材に伺うと、監督さんからありがたいお誘いをいただくことが多くあります。ここでは群馬の前橋育英を訪れた時のお話をさせてください。

前橋育英は前年の第95回大会の全国大会で決勝まで勝ち進みましたが、試合は5―0で青森山田に破れ、悔し涙を飲みました。その悔しさを何としても晴らしたいとの想いで、この年も群馬大会を突破し全国大会に出場を決めていました。

前橋育英の山田耕介監督は、練習中はピッチに立ち続け、どんな動きも見落とすまいと選手に視線を送り続けます。ですから一時たりとも座ったりすることはありません。もともと長崎の島原商の出身で、名将小嶺監督の元で鍛えられた肉体は60歳を前にしても衰えることはありませんでした。また、サッカー部の監督を務めながら校長先生も務めるというバイタリティーの塊のようなお方なのです。そんな山田監督から、「じゃ

真瀬拓海　1998年5月3日千葉県出身。市立船橋。第94回、第95回に出場。卒業後は阪南大学を経て、現在はベガルタ仙台所属。

前橋育英　前橋育英高等学校。群馬県前橋市。選手権出場23回。優勝1回（第96回）。主なOBは山口素弘、松田直樹。

第95回大会　→p50参照

あ、練習後、一杯行きましょうか」とありがたいお誘いをいただきました。

グラウンドでは選手への指導で忙しく、なかなかお話を伺えなかったのですが、私たちにとっては、これ以上ない最高の取材チャンスが訪れました。

練習取材を終えた私たちは一度、ホテルに戻ってからお店に向かいました。到着すると前橋育英サッカー部のGMと名乗る方がすでにお越しになっていました。

ここからはあの時を振り返りながらお伝えします。


「監督は校長の仕事を終えてくるから、先に始めておきましょう！」とGMの方から一言があった。そう、監督は校長先生でもあり多忙なのだ。私たちはキンキンに冷えたビールで乾杯し、喉を潤しながら監督を待っていた。前橋育英サッカー部のGMは、山田監督と数十年の付き合いで監督のことをなんでも知っているようなお方だった。サッカー部の歴史や山田監督の素顔、人柄など事細かに教えてくれたのは本当にありがたかった。それから1時間ほど経ってからだろうか。スーツ姿の山田監督が現れた。本日の主役の登場だ。

ただ、我々も大人である。いきなり取材の核心から聞くような「野暮なこと」はしない。群馬の話、気候の話、学校の話。それとない話題から探りを入れたのを覚えている。

ここで1つ問題だったのは、山田監督は長崎出身の九州男児で、我々を遥かに超える「酒豪」だったことである。我々もお酒に関してはそこそこ鍛えてきた自負はある。た

青森山田
青森山田高等学校。青森県青森市。選手権出場26回。優勝2回（第95回、第97回）。主なOBは柴崎岳、室屋成、水谷隼（卓球）、錦織圭（テニス）。第100回大会に青森県代表として選手権出場。

だ、その遙か上をいくペースで、目の前のジョッキが空になっていく。

美味しそうに飲まれる姿を目の当たりにしながらも、我々はお酒をセーブして取材を進めよう、なんて「野暮なこと」はしない。我々も、そんな山田監督と共に飲むペースを上げていった。すると時折、放送で使いたい、放送で役立つだろうプラチナエピソードが出てくる。ただ、それを監督の目の前で取材ノートにメモをするなんて「野暮なこと」はしない。必死に「頭の中のメモ帳」にメモをする。絶対に忘れるなと。

また、時折、監督がお手洗いに向かわれる。その貴重な瞬間を利用して、私と同行していた後輩アナウンサーは監督から聞いたお話の内容を復唱し、記憶に留めていく。

「この話は、使えるぞ」と、わくわくした手応えを感じながら。

こういった時、アナウンサーは、様々な行動を取る。割り箸の包み紙にメモをする人、グラスの下にあるコースターにメモをする人、手のひらに書き残す人、それぞれだ。中には自分がお手洗いに立って、その個室で必死に思い出してメモを取る者もいる。そうやって我々は監督のありがたいお話をメモに残し、放送に役立てようとするのだ。

こういう涙ぐましい努力をした話はアナウンサー全員が持ち合わせている。

ただ、この時は山田監督のお酒の強さと、我々の取材後の疲れが誤算となった。あっという間に夜は更けていったのだ。


ぱっと目が覚めた。「ここはどこだ」見慣れない天井がそこにはあった。そう、私は前橋駅前のビジネスホテルの天井を見上げていた。時計を確認すると午前9時を回っている。

「どうやって帰ってきたのだろう?」なんとも言えぬ不安が心を支配する。

「財布や携帯は?」と、確認するとちゃんと机に置かれている。そこでハッと我に返る。

私は昨晩の取材内容を、何も覚えていなかった。

何時間にもわたってお話しいただいたことは、同行した後輩アナと忘れないように、何度も確認した。しかし「頭の中のメモ」は完全に消えてしまっているのである。なにかヒントがあるはずだとスマートフォンを見る。すると、一枚の写真が。

そこにあったのは、「鍛え抜かれた見知らぬふくらはぎ」の写真だった。


そう、1年間365日、ピッチに立ち続け、選手を見守り続けた名将のふくらはぎ。60歳前とは到底思えないふくらはぎの写真、残っていたのはそれだけだった。

「俺は何をしているんだ。それよりいつ撮ったんだ」

記憶を失ってしまった自分を責める。

いや、何かを書き残しているはずだとメモを探す。我々はたいていホテルに戻っても、その日の取材内容を忘れないようにメモに残す。

「メモは無いのか?」

メモ帳を広げるとか細いヨレヨレの文字で監督の言葉を残したメモがあった!

昨晩の私は翌日の私にメモを書き残していたのだ。偉いぞ、昨日の俺と自画自賛しながら読み始めると、そこにはこう記してあった。
「人間はすぐ忘れる生物　想いつづけるには　ことあるごとに言いつづける　言葉にする」
あの時、これほど私の心に刺さった言葉はなかった。

この年の第96回大会で、前橋育英は前年の決勝で大敗した悔しさを忘れず、想い続け、ついに全国の頂点に立ちました。第100回大会もアナウンサーの口から様々な監督の話、エピソードが語られることと思います。もしかするとそのエピソードは、お箸の包み紙に書き残されていたものかもしれません。

登録23人とそれを支える部員たちの取材

さて、私たちは試合を実況するアナウンサーであり、簡単に言えばピッチ上にいる選手だけに注目して取材していれば資料は整います。しかし、プロチームではない高校サッカー部にはレギュラーを支える多くの部員の存在があります。レギュラーを支える選手にも取材をして光を当てたい。私たちは常にそう思っていますが、取材時間が限られていて、なかなか実現しません。これは高校サッカーに携わるすべてのアナウンサー共通の悩みです。

福岡アナが残していたメモ

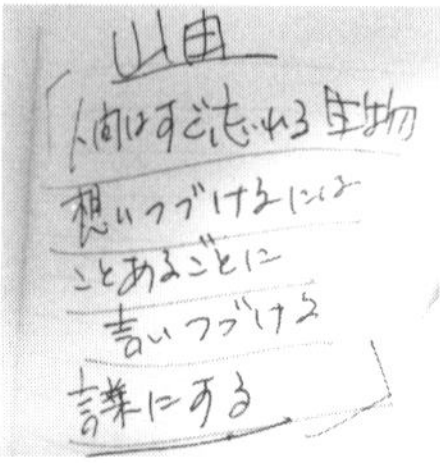

第96回大会
2017年12月30日から2018年1月8日に開催。優勝は前橋育英（群馬）。

前橋育英の優勝シーン＆山田耕介監督の涙の優勝インタビューをCHECK!

さて、この悩みに対して、一つのヒントをくれた文章があります。鹿児島読売テレビの岡本善久元アナウンサーが書いてくれたものですが、その文章には鹿児島を初の全国優勝へと導いた鹿児島実サッカー部、故・松澤隆司総監督の温かい教えがありました。松澤総監督が岡本アナウンサーに依頼したあることとは何か。高校サッカーは私たちアナウンサーのことも育ててくれているのです。

地元局アナの証言　岡本善久元アナ（鹿児島読売テレビ）

松澤隆司総監督の教え ［鹿児島・鹿児島実］

ある時、松澤監督から「岡本アナはいつも、キャプテンやエース、中心選手を取材するけど、きょうは男子マネジャーを取材してもらえないか」と相談を受けた。お世話になっている監督からの相談でもあり、私は言われた通りマネジャーを取材した。ただ、国立競技場でプレーする夢を持って鹿児島実サッカー部の門を叩いたはずなのに、複雑な気持ちでマネジャーをしているのではないかと、気を使いながらインタビューしたが、その答えは私の想像と大きく違っていた。縁の下で鹿児島実サッカー部を支えていたマネジャーは、澄んだ目でこう話したのだ。

鹿児島読売テレビ
株式会社鹿児島讀賣テレビ。略称はＫＹＴ。本社は鹿児島県鹿児島市。

鹿児島実
鹿児島実業高等学校。鹿児島県鹿児島市。選手権出場23回。優勝２回（第74回、第83回）。主なＯＢは前園真聖、城彰二、遠藤保仁。

岡本善久

1995年鹿児島読売テレビ入社。元アナウンサー。

「人にはそれぞれ役割があると思うんです。シュートがうまい選手がストライカーになるべきだし、ゴールをしっかり守れる人はGKになるべき。僕のようにサッカーが下手でも、チームが勝つためにできることがあるんです。マネジャーの役割を与えてくれた松澤先生に感謝しています」と。

取材の後、松澤監督は意外なことをおっしゃった。

「マネジャーのインタビューは放送してもらわなくてもいいんだ。チームのために、スポットライトが当たらない場所でも一生懸命チームのために頑張れば、テレビ局からインタビューを受けることもある。選手たちの刺激になったのではないだろうか」

松澤監督の名将たる所以を目の当たりにした。選手を人間として育て、1人前にする。試合に勝つだけが高校サッカーではないのだ。そこでふと気がついた。監督は、私のことも育ててくれようとしたのではないか。

なお取材を受けてくれたマネジャーは今、地元・鹿児島で少年サッカーの指導にあたっている。いや、サッカーの指導を通していい選手、いい人間を育ててくれているのだ。

最後に、松澤監督の言葉を紹介したい。

「高校サッカーという植木鉢に、鹿実という種を撒き、練習という水をやり、努力という肥料を与え、やがて国立という大きな花が咲く」

名将は40年の監督生活で2度、全国制覇という大輪の果実（鹿実）の花を咲かせた。鹿児島実は遠藤保仁選手や松井大輔選手、城彰二さんや前園真聖さんなど、多くの日本代表選手を輩出している。すべては松澤先生の指導、そして育成の賜物だろう。

遠藤保仁
1980年1月28日鹿児島県出身。鹿児島実。第74回、第75回、第76回に出場。第74回では優勝。卒業後は横浜フリューゲルス→京都パープルサンガ→ガンバ大阪を経て、ジュビロ磐田所属。

松井大輔
1981年5月11日京都府出身。鹿児島実。第78回に出場。卒業後は京都パープルサンガ→ル・マン（フランス）→サンテティエンヌ（フランス）→グルノーブル（フランス）→トム・トムスク（ロシア）→ディジョン（フランス）→スラヴィア・ソフィア（ブルガリア）→レヒア・グダニスク（ポーランド）→ジュビロ磐田→オードラ・オポーレ（ポーランド）→横浜FC→サイゴンFC（ベトナム）を経て、フットサルFリーグのY.S.C.C.横浜に入団。

私が高校サッカーに学んだことは数知れず。全国高校サッカー選手権大会は、選手もアナウンサーも、大会に関わるすべての人を成長させてくれる舞台だ。私を育ててくれた松澤先生をはじめ、民間放送43社のスタッフ、高校サッカーに携わるすべての人に心から感謝したい。第100回大会以降も大会がさらなる大輪の花を咲かせることを南国・鹿児島から祈っている。

城彰二

1975年6月17日北海道出身。鹿児島実。第70回、第72回に出場。卒業後はジェフユナイテッド市原→横浜マリノス／横浜F・マリノス→バリャドリード（スペイン）→ヴィッセル神戸→横浜FCを経て2006年に引退。

前園真聖

1973年10月29日鹿児島県出身。鹿児島実。第68回、第69回、第70回に出場。卒業後は横浜フリューゲルス→ヴェルディ川崎／東京ヴェルディ→サントス（ブラジル）→ゴイアス（ブラジル）→湘南ベルマーレ→安養LG（韓国）→仁川ユナイテッド（韓国）に所属した。2004年をもって引退。

第3章

名選手も高校生だった

日本を代表する選手たちの高校時代

さて、今は日本を代表する名選手だとしても、みんなに等しく高校時代がありました。高校サッカーは名選手への飛躍の舞台として、日本サッカーの厚みを支えてきました。

その過程では、地元局アナの多くが丸刈りだった選手の成長を親のように見続けてきました。ここでは、高校サッカーを通して成長し、日本を代表する選手にまでなったかつての高校生がどんな高校時代を過ごしていたのかを各地元局アナに聞いてみました。

子どもの頃から取材をしてくれたアナウンサーにしか本音を明かさない選手もいるくらいですから、面白い話が聞けるはずです。

元びわ湖放送で現在はフリーで活動している牧田もりかつアナウンサーに文章を寄せてもらいました。まずは牧田アナウンサーが全国大会の取材で訪れた山梨・韮崎、そこで異彩を放っていた中田英寿選手。そしてセクシーフットボールで高校サッカー界を席巻し、全国の頂点に輝いた野洲の乾貴士選手です。

牧田もりかつ

元びわ湖放送アナウンサー。1991年に入社。現在はフリーアナウンサーとして活動。

地元局アナの証言　牧田もりかつアナ（元びわ湖放送、現フリー）

〝サッカーのまち〟で出会った中田英寿

1993年12月、私は第72回全国高校サッカー選手権1回戦、山梨代表・韮崎と滋賀代表・守山北の一戦の実況を担当することになったため、〝サッカーのまち〟山梨・韮崎市の韮崎高校を訪れました。地元、滋賀大会の実況は経験がありましたが、全国大会の実況は初めて。もちろん滋賀県外のチーム取材も初めてです。この取材で一番話を聞きたかったのは2年生ながらチームのエースだった中田英寿選手。この年の夏、日本で開かれたU－17W杯の日本代表に選出され、準々決勝のナイジェリア戦では得点も決めるなど注目された選手でした。

全体練習が始まるまでに、田原一孝監督に話を伺う時間をいただきました。チーム戦術やサッカー部の歴史などを聞いた後に、やはり中田選手の話題になったのです。特に印象的だったのは中田選手が「理論派」だということです。田原監督はある時、中田選手とこんな話をしたと言います。

「同じ実力なら2年生か3年生、どちらを試合で使うか」

高校サッカーは3年生になれば卒業のため、次年度もチャンスがある下級生ではなく、最終学年の選手を起用するのがよくあるケースでした。

第72回大会
1994年1月1日から1月8日に開催。優勝は清水市商（静岡）。

韮崎
山梨県立韮崎高等学校。山梨県韮崎市。選手権出場34回。

守山北
滋賀県立守山北高等学校。滋賀県守山市。選手権出場5回。

しかし、中田選手は、「同じ実力なら伸びしろがある下級生を使うべきではないか」と主張したと言います。

私自身も、3年生を使うのが普通だろうと思っていたので、その時は「なるほど」と思わず納得していました。

さて、練習が始まると、特徴ある走り方、蹴り方をする中田選手の姿はすぐに分かりました。土のグラウンドできびきびと練習する選手たちの中でも、ひときわプレーの目立つ選手でした。中田選手を見ているだけでも時間はあっという間に過ぎ、気がつくと辺りはかなり暗くなっています。ほどなく練習は終了しました。

田原監督からは「選手はすぐには帰りませんので、自由に話を聞いてくださいね」とありがたいお言葉をいただきました。さて、私の取材プランとしては「レギュラークラスの選手全員に話を聞いて、最後に中田選手に話を聞こう」と思っていたのですが、そのプランはすぐに崩れました。練習を終えると選手たちは、個人練習を始める人、帰り支度をする人、それぞれに散ってしまったのです。誰がどこにいるのか分からなくなり、少しパニック状態になった私。

「このまま選手に話を聞けなかったらどうしよう」と不安になった時、驚くべきことが起きました。1人の高校生が声をかけてくれたのです。

「取材の方ですか」

その声の主は、中田選手でした。あの瞬間のことを今でも鮮明に思い出します。

「そうです。皆さんの全国大会1回戦を実況するアナウンサーです」

中田英寿
1977年1月22日山梨県出身。韮崎。第72回に出場。卒業後はベルマーレ平塚→ペルージャ（イタリア）→ASローマ（イタリア）→パルマ（イタリア）→ボローニャ（イタリア）→フィオレンティーナ（イタリア）→ボルトン（イングランド）を経て2006年に引退。

「何かお手伝いしましょうか」

困っている私を見かねて取材を手伝ってくれるというのです。

私は素直に甘えました。

「○○選手を呼んでもらってよいですか?」

「分かりました」

中田選手が数名の選手を呼んできてくれました。感謝の思いを持ちつつ、中田選手が呼んできてくれた選手に話を聞きます。

その一方で、中田選手への一言も忘れませんでした。

「中田選手には最後に話を聞きますので、しばらく帰らないでくださいね」

ずっと待ってくれていた中田選手には、最後に話を聞けました。

まず驚いたのが、どんな質問をしてもよどみなく答えが返ってくるコメント力です。

当時私は25歳でしたが、自分よりも年上と話している感覚です。

「なんと気遣いができて頭の回転が速い高校生がいるんだろう」

インタビューしながら、中田選手の魅力に引き込まれていきました。

一方、普通の高校生なら、全国大会の目標は「優勝」とか「国立」という言葉が出てくるのですが、中田選手はあまり選手権での結果にこだわっていませんでした。なんと、事前にお願いしていた選手アンケートには「トヨタカップ優勝が目標」と書かれていたのです。

トヨタカップ
正式名称「トヨタヨーロッパ/サウスアメリカカップ」。1981年から2004年まで日本で開催され、欧州と南米のクラブ選手権大会で優勝したチームが対戦した。

さて、全国大会本番。私の担当した韮崎と守山北の一戦は6－4で韮崎が勝利しました。中田選手はそのうち2得点を挙げて勝利に貢献しました。守山北のキャプテンでDFの要・北村茂敏選手は、後に「中田選手に6点とられた感じ。その後の私の人生のバネになった試合」と振り返り、守山北の2年生GK・杉本聡選手も「中田選手がすごく考えてプレーしているのが分かりました。あの試合以降、考えるサッカーを目指しました」と話します。2年生だった杉本選手は翌年の全国大会にも出場し、チームをベスト4、国立に導き、大会優秀選手にも選ばれています。

杉本選手はその後も、プロで活躍する中田選手のプレーに注目し続け、サッカーを勉強し、現在はキッズ指導者の責任者となって滋賀のサッカー界を支えています。

「あの試合で人生が変わりました。中田選手と対戦できてよかったです」

実は、私も同じ気持ちでした。高校生の頃から、多くの人に影響を与えてきた中田選手。日本サッカー界への貢献は、計り知れないと感じています。

セクシーフットボールとサッカー小僧・乾貴士

乾貴士選手が高校3年生だった２００６年12月。私は乾選手の「自宅」で最後の全国大会に懸ける強い思いを聞いていました。

前回の第84回大会で野洲は初の全国優勝を成し遂げ強豪校の仲間入りを果たしました。

高校時代の中田英寿をCHECK!

乾貴士 →p49参照

第84回大会 ２００５年12月30日から２００６年1月9日に開催。優勝は野洲（滋賀）。

セクシーフットボールと言われたクリエイティブサッカーは日本を席巻し、その戦いを象徴する選手の1人が乾選手でした。優勝したのは乾選手が2年生の時。共に戦った先輩たちが卒業した後も全国制覇を目指していました。

「周囲の期待も高いです。2年連続の全国優勝を狙いますよ」

こんな風に最後の選手権に懸ける思いを乾選手は話してくれました。ただ、取材をしていて3年生になった乾選手は何か重いものを背負っているようでした。2年生の時とは印象が違うのです。2年生の乾選手の印象は「サッカーが好きすぎる、愛すべきサッカー小僧」でした。

「子どもの頃はマラドーナ選手のビデオを擦り切れるくらい見てマネをした」

「プロも含め楠神君（全国優勝メンバーで乾選手の1学年先輩）が一番好き」

「将来はサッカー選手以外考えられない」

取材でもサッカーや野洲の先輩への愛溢れる話を屈託なく話していて、その様子はまさに「愛すべきサッカー小僧」でした。また全国大会の1回戦の解説者が前園真聖さんに決まったと話を向ければ、

「どうしたらドリブルがうまくなるか聞いておいてくださいね」

と宿題を預かったのも良い思い出です。

乾選手の実家を訪れて一番感じたのは彼を応援しようというご家族の愛です。小学1年でサッカーを始めた乾選手。7つ上の兄・康史さんによると、「右アウトサイドキックが正確で速い。足首が柔らかく強い。左足は使っていませんでしたね」と詳細な記憶

マラドーナ
ディエゴ・マラドーナ。アルゼンチン出身の元サッカー選手。2020年没。

楠神順平
1987年8月27日滋賀県出身。野洲。第84回に出場し優勝。卒業後は同志社大学→川崎フロンターレ→セレッソ大阪→サガン鳥栖→ウェスタン・シドニー（オーストラリア）→清水エスパルス→モンテディオ山形を経て、関東リーグ2部の南葛SCに所属。

があります。また「私がマラドーナやスペインサッカーが好きだったので、貴士と一緒によく見ていました。貴士はマラドーナやリバウドのプレーを真似しようとしていましたね。それに1学年上のチームメイト楠神順平君が好きで、サッカーだけでなく学生服の着こなしやカバンの持ち方まで真似していました」とほほえましいエピソードも教えてくれました。

また乾選手は楠神選手以外にも、全国優勝メンバーで小学校から同じチームでプレーしている1学年上の金本竜市キャプテン、司令塔の平原研選手らと仲良しでした。2年生の時に全国優勝した後に、うれしさはもちろんあったようですが、先輩と一緒にサッカーができなくなることがさみしかったようです。

そして康史さんによると乾選手には明確なサッカー哲学があったと言います。

「相手の裏をとり騙す。11人がそれを意識できるチームが強い」

まさに野洲の優勝メンバーはそれを体現しました。乾選手もその武器を身に付けるため努力したようです。今は野洲サッカー部でコーチをしている金本さんは、野洲時代の乾選手について「練習量はすごかったです。僕より早く家に帰ることはなかったですね。何がそんなに面白いのかな、というぐらい練習していました」と語り、他の関係者からもこのような話は多く聞きました。

全国選手権に行けなかった1年生の1月1日。吹雪のなか朝から夕方まで学校グラウンドで1人、練習していたこと。食事の時もボールの上に足を置いていたこと。プロになってからも遠征先からそのまま練習場に向かったという話などなど多くのエピソード

リバウド
ブラジル出身の元サッカー選手。

高校時代の乾貴士をCHECK!

が残っています。

金本さんは「貴士は高校時代やプロになってからも苦しい時期が何度もありましたが努力で乗り越えました。これはどんな仕事でも大事なこと。高校サッカーは人間形成の場。今の部員には光より影を伝えたい」と、また康史さんは「プロで活躍したいと思えば努力は当然。加えて貴士は指導者や先輩に恵まれた。プロになれたのは2年で優勝して注目されたから。全国選手権に出場する3年は進路を決めて出場しますので、3年生になってからの優勝だったら貴士はプロに行ってないかもしれません。プロになれたのは2年で優勝できた先輩たちのおかげと思います」と語っています。

さて、野洲サッカー部には「クリエイティブなサッカーで世界を目指す」という目標があります。２０１８年のロシアW杯で2ゴールの活躍をみせた乾選手。野洲の目標が1つ達成された瞬間でしたが、ロシアから帰国してすぐ滋賀で乾選手の活躍を祝う会が開かれました。私はこの会の司会を務めました。開会前の控室で再会した乾選手に話しかける機会がありました。

W杯のねぎらいと活躍の話を向けて戻ってきた言葉は、「勝ちたかった。悔しいです」。ベルギーに逆転負けした悔しさが溢れる顔。それは紛れもなく「サッカー小僧」の顔でした。

続いて、イングランド・プレミアリーグのレスター・シティFCに在籍し、当時クラ

乾選手と牧田アナ

ブ創設132年で初のプレミアリーグ優勝という歴史的なメンバーの一員となった岡崎慎司選手。兵庫・滝川第二時代のお話をサンテレビ湯浅明彦アナウンサーに聞きました。

地元局アナの証言　湯浅明彦アナ（サンテレビ）

飾らない人柄・岡崎慎司

あの夜、何度か起こった笑いの連鎖を生涯忘れることはない。

「ワッハッハ！」

あれは、ブラジルでのW杯の直後だから、2014年だったか。帰国した岡崎選手を労う会が神戸市内某所で開催された。仕事を終えて私は急いで駆け付けた。久しぶりに会う岡崎選手の表情には終わった安堵感より、悔しさがありありと感じられた。W杯の話はほとんどせず、仲間と近況報告をしている間に時計は午前0時の針を超えた。

「おい、久々にあれ見ようぜ」

声の主は滝川第二時代のルームメイトで親友の岡良一さん。そのまま有無を言わさず「岡さん」の自宅へ直行した。

岡崎慎司
1986年4月16日兵庫県出身。滝川第二。第81回、第82回、第83回に出場。卒業後は清水エスパルス→シュトゥットガルト（ドイツ）→マインツ（ドイツ）→レスター・シティFC（イングランド）→マラガ（スペイン）→ウエスカ（スペイン）を経て、カルタヘナ（スペイン）に所属。

滝川第二
滝川第二高等学校。兵庫県神戸市。選手権出場20回。優勝1回（第89回）。主なOBは加地亮。第100回大会に兵庫県代表として選手権出場。

岡崎慎司との出会いは第81回大会の兵庫予選だった。初めての取材は1回戦の育英戦。その試合に1年生で唯一、先発していたのが岡崎。当時のメモには「テクニックあり。ただスピードはなし」と書かれていた。彼は入学当初Eチーム、5軍からのスタートだった。しかし、当時の荒川友康コーチの助言もあり、この予選からメンバー入りをしていた。戦後初となる滝川第二の兵庫大会6連覇真っただ中だった時期にあって、これだけでも快挙だった。

「好きな選手はバティストゥータ、将来はプロになる」と目標もすでに明確だった。

その存在がクローズアップされたのは全国大会から。勝ち進むに連れ、兄・嵩弘さんとの「兄弟2トップ」として、一気に注目されるようになった。

「兄からもらったカセットウォークマンで大会中は、爆風スランプの『Ｒｕｎｎｅｒ』をずっと聞いています。試合でとにかく走りまくります！」

圧巻だったのは準々決勝の東福岡戦。滝川第二にとって東福岡は、4年前の準決勝で敗れた因縁の相手。この試合で岡崎は決勝点を含む2点を挙げヒーローとなった。しかも2点目は、相手のＤＦがクリアしたボールが目の前に飛んできて、頭に当たりゴールになるという奇跡的な得点だった。

「何故か、自分のところにおいしいボールが回ってくるんです」

当時からこんなことを言っていた。

さて冒頭に紹介したＤＶＤについてお伝えする。その中身は岡崎の高校時代の「公式

湯浅明彦

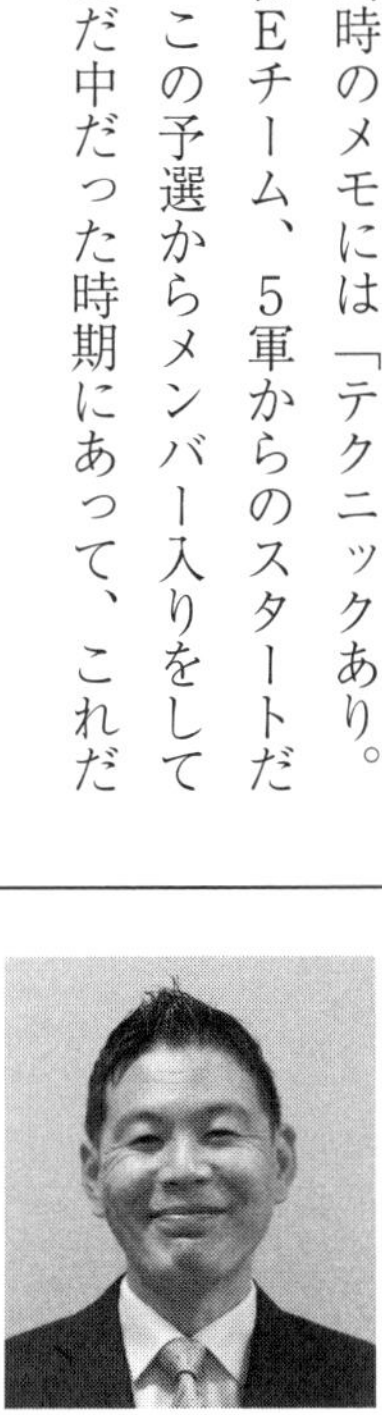

サンテレビアナウンサー。1998年入社。「サンテレビボックス席」や「熱血!!タイガース党」などに出演。

第81回大会

2002年12月30日から2003年1月13日に開催。優勝は市立船橋（千葉）。

育英

育英高等学校。兵庫県神戸市。主なOBは、鈴木啓示（野球）、篠原信一（柔道）。

戦全得点」が収められているDVDだった。全員が1シーン1シーン固唾をのんで見ていたが、先ほどの東福岡戦の後のヒーローインタビューで部屋の空気が一変する。

「えー、優勝、します…※△●○・・」

「やばい！　やばい！　シンジ、何言っているか分からへん！」

そう言われ、ただただ笑顔になる岡崎。食事中の表情とは一変して、温和そのもの。

「いや、自分で見てもホンマ恥ずかしい…」

岡崎慎司の最大の魅力は、飾らない人柄だ。

どれだけ日本代表で実績を積んでも中身は何も変わらない。

高校時代のサッカーノートの表紙には大きな文字で「点取り屋・ゴールハンター」と書かれていたが、取材をするたびに「夢は世界ナンバーワンストライカーになることです」と、臆することなく言い切っていた。

しかし、3年生の1年間だけは思い悩み、苦悶の表情を浮かべているイメージが強かった。滝川第二史上初めて「立候補して」主将になった。そこまではいいが、その重圧は予想以上のものだった。あどけなさが消え、口数も減った。見かねた当時の黒田和生監督が、最後の選手権、第83回大会予選前にエース番号「9」から、2年生時に背負っていた「16」に変更した。

「ゲームキャプテンという意識でプレーに集中してほしい。初心に戻る意味でね」

恩師の配慮が奏功してか、兵庫大会では4試合すべてで得点を挙げ、チームは24得点無失点という圧倒的な強さで優勝を果たす。自信が回復した岡崎の背番号も「9」に戻

バティストゥータ
ガブリエル・バティストゥータ。アルゼンチン出身の元サッカー選手。

東福岡
東福岡高等学校。福岡県福岡市。選手権出場21回。優勝3回（第76回、第77回、第94回）。主なOBは本山雅志、長友佑都。第100回大会に福岡県代表として選手権出場。

第83回大会
2004年12月30日から2005年1月10日に開催。優勝は鹿児島実（鹿児島）。

本田圭佑
1986年6月13日大阪府出身。星稜。第81回、第82回、第83回に出場。卒業後は名古屋グランパス→フェンロ（オランダ）→CSKA

り、青いキャプテンマークの裏側に3年生全員の名前を書き、もう一度チームを引っ張る覚悟もできた。

ただ全国大会では初戦となる2回戦で敗退。相手は本田圭佑選手を擁する星稜だった。

実はサッカーの神様は試練を与えていた。選手権直前の11月、彼は練習中に右足の疲労骨折をしていた。国立競技場での開会式の後「もう大丈夫ですよ」と気丈に振る舞ってはいたものの、万全ではないのは明らかだった。星稜戦は痛み止めを飲んで途中出場。後半23分からのわずか17分間だけで高校サッカー人生は終わった。

冒頭のDVDに話を戻そう。DVDのラストシーンは、この星稜戦。岡崎はたった17分の出場でゴールを決めていたのだ。ピッチに入ってからわずか3分後に得点し、星稜に1点差に迫った。森島康仁選手がゴール前に折り返したボールに体ごと飛び込む岡崎らしい「泥臭いゴール」だった。

「ハッハッハッハ！」

突如、この夜、最大の笑いが起こった。実はこのシーン、ゴールに飛び込んだ岡崎はゴールネットに足が絡まってしまって、なかなか抜け出せなかったのだ。

「シンジ、焦ってる焦ってる（笑）」

私も腹の底から笑った。岡崎もこの夜、一番のシンジスマイルを見せた。

私は実感した。多くの高校サッカー経験者がそうであるように、岡崎慎司にとっても高校時代の記憶はすべてが宝物であると。

モスクワ（ロシア）→ACミラン（イタリア）→パチューカ（メキシコ）→メルボルン（オーストラリア）→フィテッセ（オランダ）→ボタフォゴ（ブラジル）→ポルティモネンセ（ポルトガル）→ネフチ・バクー（アゼルバイジャン）を経て、スードゥヴァ（リトアニア）に所属。

森島康仁

1987年9月18日兵庫県出身。滝川第二。第83回、第84回に出場。卒業後はセレッソ大阪→大分トリニータ→川崎フロンターレ→ジュビロ磐田→テゲバジャーロ宮崎→栃木ウーヴァFCを経て、藤枝MYFCに所属。

気がつけば、時計の針は午前2時を回っていた。

続いて、海外でのプレー経験はないものの日本代表として国際Aマッチ最多出場記録を持つ鹿児島・鹿児島実出身、遠藤保仁選手のお話です。鹿児島読売テレビの岡本善久元アナウンサーに伝えてもらいます。

地元局アナの証言　岡本善久元アナ（鹿児島読売テレビ）

サッカーの天才・遠藤保仁を育てた地獄のトレーニング

第69回全国高校サッカー選手権大会。

鹿児島代表の鹿児島実は、初めて準決勝まで勝ち上がった。相手は埼玉代表・武南。前回大会の準々決勝で同じ武南に敗れていて、何としても勝ちたい相手。試合は鹿児島実の2年生MF遠藤拓哉が強烈なボレーシュートを決めるなど2ゴールの活躍で、PK戦を制した鹿児島実が初めての全国大会の決勝進出を果たした。

その準決勝の舞台、国立競技場の応援席で兄・拓哉選手に視線を送っていた1人の少年が遠藤保仁選手だった。当時小学5年生である。当時の鹿児島実には、後にアトラン

高校時代の岡崎慎司をCHECK!

遠藤保仁→p58参照

第69回大会
1991年1月1日から1月8日に開催。優勝は国見（長崎）。

武南
武南高等学校。埼玉県蕨市。選手権出場14回。優勝1回（第60回）。

タ五輪で「マイアミの奇跡」の伝説をつくる前園真聖さんの姿もあったが、あの日、国立の応援席にいた少年がサッカー日本代表選手として最多出場記録をつくるレジェンドとなるとは誰が予想できただろう。

保仁選手のルーツは鹿児島の桜島にある。サッカーの天才と言われた、遠藤３兄弟の末弟だった。長男は国立競技場で２ゴールを挙げた拓哉さん、二男・彰弘さんはアトランタ五輪で日本代表のエースナンバー10を背負った名選手。三男・保仁選手の活躍は言うに及ばず。保仁選手は、保育園に通う頃から２人の兄と一緒に自宅の庭でがむしゃらにボールを追いかけていた。しかし長男拓哉さんとは６つ、二男彰弘さんとは４つの年の差がある。しかもこの２人は当時から鹿児島では一番サッカーがうまいと評判だったのだ。そんな２人の兄が相手では当然、弟はボールに触れられない。

「どうやったら兄ちゃんたちからボールを取れるのか。無駄に飛び込んでも疲れるだけで意味ない」

この頃から、サッカーに対する探求心が培われたのだろう。桜島の実家には、長男・拓哉さんが持っていた何十本もの高校サッカー選手権のビデオテープがある。保仁選手は小学生の頃からこのビデオテープが擦り切れるぐらい何度も見ていた。

「そろそろ、点が入るよ」

ビデオに録画された高校サッカー選手権の試合は、すべて流れが頭に入っていた。どんなプレーがゲームを左右するのか、どんなパスが流れを変えるのか。ピッチ全体を俯

遠藤彰弘

１９７５年９月18日鹿児島県出身。鹿児島実。第70回、第72回に出場。卒業後は横浜マリノス／横浜Ｆ・マリノス→ヴィッセル神戸を経て、２００７年に引退。

瞰する広い視野もこの幼少期にすでに養われていたに違いない。

2人の兄が鹿児島実で国立競技場のピッチに立った姿を見てきた保仁選手にとって鹿児島実に進むのは当たり前の選択だった。当時の鹿児島実サッカー部は、格闘技かというほどの強烈なフィジカルを武器に、「高さ・早さ・強さ」で相手を圧倒していた。しかし、保仁選手は1人だけ異色の存在感を放っていた。一言で言えば超マイペース。

例えば、他の選手たちは、松澤隆司総監督の目に止まるよう、少しでもいいプレーをしてレギュラーの座を獲得しようと躍起になって練習するのだが、彼だけは違った。どんな時ものんびりとプレーする。肩の力が常に抜けていたのだ。鹿児島大会決勝直前、「絶対、選手権へ行くぞ」と、部員のモチベーションが最高潮に達している中でも、彼1人だけは「いつも通りやろうよ」と、自然体だった。

「ヤット（保仁）は、余裕があるというか、サッカーの大事な部分を押さえているから、無駄なプレーがない。2人の兄と一緒にサッカーをしてきて分かっているんでしょうね。余計なことをしないので手を抜いているように見えるかもしれませんね」

名将・松澤総監督はしっかり見抜いていた。

全力でプレーしていると力んでシュートを外すこともあるが、そういうミスを決してしない。自分の5割の力で十分通用するなら、余力は温存する。そして、ここぞという時に100％以上の力を発揮し、周りの選手を圧倒する。それが遠藤保仁だった。

一方、日本一練習が厳しいと言われた当時の鹿児島実サッカー部。逃げ出したくなると選手が話す一番の理由は、練習の最後に用意された地獄のトレーニングだった。皆が目標タイム内で完走しなければ、全員に追加のトレーニングが課せられる。すでに練習で体力が限界を迎えている中、ここでも全速力で挑まねばならない。仲間同士で背中を押したり、先を行くものが手を引っ張ったりして、何とか全員で目標タイムに入ろうとする。こうした過酷な環境の鹿児島実で3年間を過ごした保仁選手。

40歳を過ぎても第一線で戦えるスタミナとメンタルの強さは「鹿実時代の限界を超えたトレーニング」にあると彼は言う。

さて、W杯をはじめ、世界の名だたる選手と渡り合ってきた保仁選手に、憧れのサッカー選手を尋ねると、「2人の兄貴たち。今でも越えられない」と即答する。

その2人の兄もまた鹿児島実の日本一厳しい練習で育った。憧れの兄たちも限界に挑み続けた鹿児島実での3年間が、保仁選手の原点であることは間違いない。

続いても鹿児島から。高校選手権最多得点記録保持者で、２０１４年からドイツブンデスリーガで戦い続けてきた鹿児島城西出身、大迫勇也選手です。

大迫選手についても鹿児島読売テレビ岡本善久元アナウンサーに伝えてもらいます。

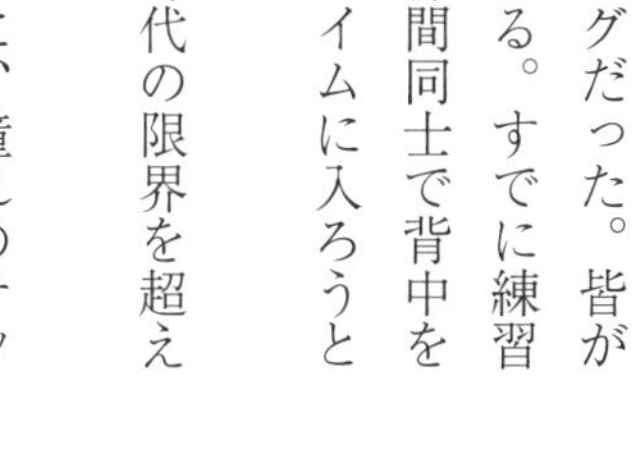

高校時代の遠藤保仁をCHECK!

地元局アナの証言　岡本善久元アナ（鹿児島読売テレビ）

大迫勇也・半端ない伝説は、ここから始まった

「大迫、半端ないって。あいつ！　後ろ向きのボール、めっちゃトラップするやん。そんなんできひんやん、普通。そんなんできる？　言っといてや、できるんやったら」。第87回大会準々決勝の後の滝川第二のロッカールームには、中西隆裕主将の声が響き渡った。大迫勇也選手を語る上でこのシーンは外せない。

大会直後、鹿児島の玄関口である鹿児島中央駅前広場では鹿児島城西の全国準優勝を祝うローカル特別番組が公開生放送され、この滝川第二のロッカールームの様子も放送された。番組ゲストとしてステージに上がった城西イレブンはそのシーンに笑みを浮かべていた。この頃はまだあどけなさが残っていた大迫勇也選手も、照れくさそうにその映像を見ていた。

この大会、鹿児島城西は決勝で広島皆実に敗れ、準優勝だったが、大会の主役は間違いなく「大迫勇也」だった。彼は、1大会最多得点記録となる10ゴールを挙げたが、アシストも10。100回の歴史ある選手権で、ここまで点を取り、アシストもした男はいない。まさに100年に1人の逸材だ。

鹿児島城西で「1対1の練習」が行われていた時のエピソードがある。チームメイト

第87回大会→p34参照

大迫勇也→p34参照

がいとも簡単に大迫選手にかわされ、ゴールを決められてしまう。見かねた当時の小久保悟監督は「お前たち、ちゃんとやれ」と激怒する。仕方ないなと、生徒に代わって監督が登場したのだが、大迫選手は左腕１本で小久保監督を抑えてしまった。小久保監督が足を出しても大迫選手はびくともしない。大人が子どもに腕をバタバタしているようで、選手たちにお手本を見せようとした小久保監督もボールを奪うことはできなかった。

「ボールは見えないし、体幹は強いし、これは無理だ。こんな選手、見たことない」

ちなみに小久保監督は、ジェフ千葉の前身・古河電工の選手で、１対１には自信があったそうだ。

順風満帆に見える大迫選手のサッカー人生だが、挫折も多い。２００７年、高校2年生の時のこと。U－17韓国W杯の最終日本代表メンバー選考で落選した。よほど悔しかったのだろう。「結果を残せなかった自分が悪い」と、普段の練習後、ＧＫを捕まえて徹底的に決定力を上げる練習を積み重ね、徹底的に精度を高めた。

また、それまで自分1人でサッカーをすることも少なくなかった大迫選手だが、小久保監督に「周りの味方をもっと使え」と口を酸っぱくして言われていたこともあり、あの挫折をきっかけに周りの選手を生かす、アシストもできる万能ＦＷへと変貌を遂げていた。高校3年夏のインターハイ県予選決勝では、当時無敵と言われた鹿児島実を相手に5得点。代表落選の経験からの成長は目を見張るものがあった。

彼の挫折はこれだけではない。２０１２年7月1日、地元・南さつま市では、大迫勇也選手のロンドン五輪壮行会が開かれた。壮行会が開かれた7月1日は五輪代表選手発表日の「前日」。後援会関係者や地元市民が大勢参加できる日曜日だったために、この日に企画されていた。

壮行会で司会を頼まれていた私は、大迫選手から不安な表情で相談された。「この壮行会、大丈夫ですかね。おれ、まだ五輪代表に選ばれていないんですけど」。当時、大迫選手はロンドン五輪最終予選でもレギュラーとして活躍し得点も挙げていたので、私も関係者もみな「当然、五輪代表に選ばれるだろう」と信じて疑わなかった。

しかし、大迫選手の不安は的中してしまう。大勢の市民から激励され盛大に送りだされた翌日、まさかの五輪代表メンバー落ち。当時の彼の気持ちを察するに余りある。心配した母・美津代さんだったが「勇也は、過去のことはすぐに忘れるんです。どんなにショックなことがあっても挫折を力に変えて這い上がる強さがあるんです」と話してくれた。

その後、大迫選手は、２０１３年夏の東アジアカップで日本代表デビューを果たすと、２０１４年ブラジルＷ杯でメンバー入り。２０１８年のロシアＷ杯のコロンビア戦ではヘディングゴールで日本代表を勝利へ導いた。

あの高校選手権以来「大迫、半端ないって」の声が日本列島にこだました。

幾度も訪れた挫折を乗り越え、日本代表のエースとして君臨するストライカーは、「第１００回大会以降、自分の記録を塗り替える選手が出てきてほしい」と話す。

日本のサッカー界の将来を見据えて本気でそう願っているようだが、もちろん大迫選

高校時代の大迫勇也をCHECK!

手自身もまだまだ新たな伝説をつくるに違いない。

地元局アナの証言　福岡竜馬アナ(福岡放送)

長友佑都が「1選手」だった頃

「今までの寮生の中で1番飯を食べたのは長友ですねー」

名将として知られる東福岡・志波芳則総監督（寮生と生活を共にする）は微笑みを浮かべながらよく我々にこの話をしてくれる。出身地の愛媛から東福岡にやってきた高校生の長友佑都選手は決して恵まれた体格ではなかった。

「身体は小さい。素早さはあるけど技術はない」

一方、森重潤也監督は入学してきた時の長友選手の印象をこう語る。恵まれていなかったフィジカル。何とか周りに追い付き追い越そうと、自らに課題を課して、食事を喉に通していたのかもしれない。彼を語る上で欠かせないワードは「影の努力」だ。

昼休みに強豪ラグビー部のメンバーと共にトレーニング。朝は正門が開くタイミングで登校しボールを蹴り、部活ではナイター照明が消された後でもボールを蹴り続ける。

長友佑都

1986年9月12日愛媛県出身。東福岡。第83回に出場。卒業後は明治大学→FC東京→チェゼーナ(イタリア)→インテル・ミラノ(イタリア)→ガラタサライ(トルコ)→マルセイユ(フランス)を経て、FC東京に所属。

「努力している話は聞いていました。我々の知らないところでやっているので、僕は見ていないんです。ただ負けず嫌いな性格。取り組む姿勢は死に物狂いでした」

中学時代に名を馳せた多くの選手が門をたたく東福岡という名門。多い時には部員が３００人を超す日本一の規模のサッカー部だ。その中でいかに這い上がっていくか。長友選手の原点は、間違いなく高校時代にあると森重監督は語っている。

サイドバックとしてプロや日本代表で活躍する長友選手だが、高校時代はミッドフィールダーとしてプレーする攻撃的な中盤の選手だった。

２００４年度の第83回大会。福岡県大会の初戦で肩を脱臼するという怪我を負った長友選手は、その後、出場できるかどうか不透明なまま3年生として最後の選手権を戦っていた。

当時の福岡大会決勝の実況資料がある。

意外にも放送に向けての注目選手にも挙げられていない。特徴としての書き込みには「競り負けないヘディングの強さ。クレバーな選手」とある。お気づきの方も多いと思うが、正直に言って情報が薄い。

そう、この時の長友佑都は、まだ注目されていない「１選手」だったのだ。

東福岡は全国大会に進出したが初戦で千葉の名門市立船橋にＰＫ戦で敗れた。長友佑都は「１選手」のまま、高校サッカーに終止符を打ち、明治大学へ進んだ。

第83回大会 →p72参照

高校時代の長友佑都をCHECK!

さてここからは、現在も高校サッカーの現役実況アナウンサーとして第99回の決勝戦を実況した日本テレビの山本紘之アナウンサーに大学時代の長友選手について書いてもらいます。山本アナウンサーは柏レイソルユースから明治大学に進学し、大学日本一に貢献した名選手で、長友選手が３年生の時の１年生でした。チームにいなければ分からない長友選手のエピソードがたくさん聞けました。

日テレアナの証言　山本紘之アナ（日本テレビ）

想像を超える先輩・長友佑都

私が明治大学体育会サッカー部に入部した時、すでに3年生の長友先輩はチームに欠かせない存在だった。初めてその身体能力を目の当たりにしたのは、関東大学サッカーリーグ1部の開幕戦。右サイドバックとして上下動を繰り返す無尽蔵のスタミナは、前年まで腰に怪我を抱えていた選手とは思えないものだった。その後の試合でも１９０㎝近い相手にヘディングで競り勝ったり、センターバックが裏を取られた窮地でも難なくカバーしたりと、想像を超えるプレーを見せた長友先輩の姿は今でも鮮明に覚えている。明らかに違ったエンジンを積んでいるような感覚があった。私も練習で何度も長友先輩

山本紘之

日本テレビアナウンサー。２０１１年入社。「news zero」などに出演。

との1対1を経験したが、対峙した瞬間「あ、これは抜けない」と悟ってしまうようなオーラが、あの小さな体から溢れ出ていた。しかしその身体能力が、単に神様から与えられたものではなく、努力に裏打ちされたものであることはすぐに理解できた。

長友先輩は東福岡高校から指定校推薦で明治大学に入ったため、サッカー推薦の部員と違い、入寮する義務が無かった。ただ、寝食と授業以外の時間は、ほとんどを選手寮のある八幡山グラウンドで過ごしていたのではないだろうか。練習の1時間半前には来てストレッチと体幹トレーニングを必ず行い、午前の練習が終わると再び筋力トレーニングと仕上げの体幹トレーニングを行う。その後シャワーを浴び、体のケアをするため、またトレーニングルームへ。授業が終わっても、帰るのは自宅ではなく八幡山グラウンドで、筋トレとケアを欠かす日は無かった。

その後イタリア・セリエAで屈強な相手に負けない体の強さを獲得するわけだが、その原点とも言える地道なトレーニングが大学時代にあった。今でこそ「体幹」という言葉は多くの人に認知されているが、当時はまだそこまで浸透しておらず、長友先輩が広めたと言っても過言ではない。

ここまでのサッカーへの取り組みは私が語るまでもなく、もはや周知の事実であろう。さて、ここからは当時の長友先輩の普段の様子を振り返りたい。

後輩の私が言うのも恐縮ではあるが、一言で言うと「サッカー小僧」だった。特に夏場は常にタンクトップに短パンで、グラウンドに現れたと思ったら、すぐに練習着に着替えてトレーニングに向かう。その姿は「サッカー小僧」以外の何者でもなかった。

数年後、私は、アナウンサーとしてイタリア帰りの長友先輩を取材する機会を得たのだが、胸元が大きく開いたシャツに上質なジャケットを羽織る姿は、私に大きな衝撃を与えた。加えて、握手をした右手に残ったイタリアのコロンの香りが、しばらく鼻をくすぐり、「ああ、長友先輩は『世界のNAGATOMO』になったんだな」と実感した。

また、海外でも通用するムードメーカーぶりは大学当時から片鱗を見せていた、いや、正直に言って群を抜く存在だった。

明大サッカー部では、リーグ戦終了後に納会があり、部員全員でシーズンの戦いを労い合う。そこで行われるのが「学年対抗十番勝負」だ。かき氷早食い、水中息止め、腕相撲、炭酸一気飲み、体幹キープなど、体育会の学生が盛り上がりそうな戦いをズラリと並べ、そこに各学年の代表1人が出場して勝敗を争う。その十番勝負の大トリを飾るのが「一発芸」だ。この「一発芸」だけは、他とは比べ物にならないほど白熱する。どの代が一番面白いのか…。納会のクライマックスであり、各学年のプライドを懸けた戦いとなる。

長友先輩には「明大サッカー部あるある」を織り交ぜたオリジナルのリズムネタがあった。聞くところによると、2年時にこのネタを披露して先輩方の心をがっちりと掴んだという。以降、毎回そのネタで会場を大いに盛り上げていた。

一発芸を文字にすることほど野暮なことはないが、もうこの先誰も紹介することはないと思うので、ここに残したい。（長友先輩ごめんなさい）

まずリズムから入る。

「ズンズンズーッチ・ズンズンズクズク」

このリズムを言葉で表現するのは難しいが、大真面目な表情とのギャップに、すでに会場は笑う準備ができてしまっている。

そして、ここから明大サッカー部あるあるが始まる。ここが長友先輩のすごさだ。

「フリーキックの壁用人形、顔が全員総監督」

内輪の話なので面白さを表現するのは難しいが、あるあるの視点の素晴らしさと長友先輩のしゃべり方に会場は大爆笑に包まれる。

さらにこのあるあるとセットで決めゼリフを放つ。

「アイキャン ぺなすとぴっ」

多分、ぺなすとぴに意味はない。

しかも、「ぺなすと」の瞬間に高いジャンプを繰り出しながら、両手を振りかぶって、「ぴっ」のタイミングで右手人差し指を鋭く振り下ろすのだ。言葉で説明しても全く面白くないが、長友先輩がやると間違いなく面白い。ここがすごさなのだ。

そして再び「ズンズン」に戻って、またあるあるが繰り返されるのだ。

誰でも口ずさめるリズム、芯をつくあるあるネタ、耳に残る決めゼリフ、無駄に身体能力を発揮したジャンプ力。これらすべてが絶妙に相まって、毎度爆笑をさらっていった。見事な完成度だった。それにしても「ぺなすとぴっ」とは一体なんなのか。未だに謎である。当時本人に聞いてみたのだが、のらりくらりはぐらかされた。語感の良さだけで作り上げた言葉に違いない。兎にも角にも、周囲の人を虜にしてしまうその人柄は、大学時代から十二分に発揮されていた。

なお余談ではあるが、この芸は遠く離れたイタリア・チェゼーナの地で「忍者パフォーマンス」としてチームメイトに披露され、海外でも認められる一発芸となっていたのだ。そう、あの「ぺなすとぴっ」も世界で活躍していた。それを知った我々明大サッカー部の人間が、心から感動したのは言うまでもない。

さて長友先輩の大学時代を語る上で、外せないのは応援時の太鼓のエピソードだろう。あまりのうまさに鹿島アントラーズのサポーターから勧誘されたというのは有名な話だ。私も、ピッチ内でプレーしながら長友先輩の太鼓を聞いたことがあるのだが、本当にうまい。「あ、今、太鼓が長友先輩に切り替わった」と気づくほどである。スタンドを見なくても、リズムだけで分かる。他の人の太鼓と何が決定的に違ったのか。それは「躍動感」である。長友先輩はまるで踊っているかのように叩いていた。いや、叩いているのではない。太鼓という楽器を通して、我々と一緒にプレーしていた。だから我々の気持ちも自然と乗り、共に応援するスタンドの声量もどんどん大きくなるのだ。ピッチにいなくとも長友先輩の存在感は大きく、太鼓を通してチーム全員の背中を押してくれた。

プロとなって10年以上が経過する長友先輩。その影響力は日本を越え、世界に及び、日本サッカー界に大きく貢献してきた。果たして長友先輩はどこまで前進していくのか。

後輩として、取材者として、私はどこまでもその背中を追い続けていきたい。

次は、青森山田出身、柴崎岳選手です。卒業後、Jリーグでも早くから頭角を現し、日本代表入りや海外移籍を果たしましたが、実は柴崎選手は、中学2年生から青森山田のトップチームで公式戦に出場していました。高校というカテゴリーの公式戦には出られませんでしたが、プリンスリーグや全日本ユースなどユース年代の大会では選手登録が可能だったのです。青森にとんでもない中学生がいるとひそかに話題になっていました。その柴崎選手に長年取材をし、インタビューを続けてきたのが日本テレビの田邊研一郎アナウンサーです。本書は地方局のアナウンサーの活躍を中心に執筆していますが、もちろん東京のアナウンサーも直接、足を運んで選手を取材します。

ここからは田邊アナウンサーに伝えてもらいますが、柴崎選手のサッカーに対する姿勢と多彩な言葉に、皆さんきっと驚きます。

柴崎岳

1992年5月28日青森県出身。青森山田。第87回、第88回、第89回に出場。卒業後は、鹿島アントラーズ→テネリフェ(スペイン)→ヘタフェCF(スペイン)→デポルティーボ(スペイン)を経て、CDレガネス(スペイン)に所属。

日テレアナの証言　田邊研一郎アナ（日本テレビ）

柴崎岳「自己発見、自己改善」できる能力

初めて柴崎岳選手に話を聞いたのは、２００９年12月、彼がまだ高校2年生の時。第88回大会の優勝候補と目されていた青森山田に足を運んだ時でした。

その日は冬の青森にしては珍しく快晴。グラウンドの両脇に積み上げられた雪に太陽が反射して、少しまぶしいくらいでした。雪国の取材では練習後に身体を冷やさないように教室や部室など、室内で行うことが多いのですが、人工芝に水分が含まれていないことを確認して、ピッチ内で青空取材をすることにしました。

さて、アナウンサーは大概、選手を取材する前に、監督に選手の特徴を聞いておきます。当時も、黒田剛監督から柴崎選手について話を聞きましたが、監督はこんなエピソードを話してくれました。

「1年生の時に、岳と、車の中で1時間ほど2人きりになったことがあった。岳はプロに行って日の丸を背負える選手だ。俺が言わなくても自分で気がついて改善できる選手になりなさい。自分で改善点を見つけて、自分で克服できる力を持っていなければプロではやっていけないという話をした」と。

田邊研一郎

日本テレビアナウンサー。２０００年入社。サッカーや野球などスポーツ実況を数多く担当する。

第88回大会 →p37参照

私はこの話を聞いた時に、ここが取材の核心になる、この部分を聞こうと決めたのを今でもはっきり覚えています。

さて、柴崎選手と私の2人だけの青空取材は、和やかな雰囲気で進んでいました。取材も中盤に差し掛かった頃で、あの質問をしてみました。

「黒田監督から言われたことで一番心に残っていることはなんですか？」

すると柴崎選手はほとんど考えることなく、こう答えました。

「俺はお前には、とやかく細かいことを言わない。自分で自分のことに気づきなさいという言葉です」

何百人もの選手に取材してきましたが、監督が一番伝えたかったことと、選手が一番心に残っていることがぴったりと一致することはそう多くはありません。教育者としての黒田監督の伝える力、そして、柴崎選手の感じ取る力に感服しました。監督は選手に何万という言葉を投げかけてきたはずです。その中から、高校生が選び出した言葉が、監督の思いと一致するなんてまさに奇跡です。

その後、取材は核心へと入っていきます。私はこんな質問をしました。

「自分で自分のことに気づきなさいという監督の言葉を受けて、柴崎君が技術の高さと視野の広さを身に付けられた一番の要因は？」

すると、柴崎選手は質問意図をしっかりと理解し、的確に答えます。

「お兄さんからはインサイドキックをしっかりやらないとダメだぞ！　といつも言われていました。一番上のお兄さんは9つ年上で三沢商業のMFで国体代表選手でした。

今は学校の先生をやっています。二番目のお兄さんは3つ上の19歳です。私は、小学校1年生の頃から2人のお兄さんにサッカーを教えてもらったんです。一番上のお兄さんからは基本的なインサイドキックを徹底的に教えてもらったんですよ。また、年の近い2番目のお兄さんとは1対1など実戦的な練習をやってもらいました。いつも負けてばっかりだったのでなんとか抜いてやろうと必死でしたね。練習メニューはいつもお兄さんたちが考えてくれました。お兄さんに教えてもらったから今のインサイドキックがあるのだと思います。自分の考えではインサイドキックはサッカーの中で一番重要で、一番多く使うキック。だからミスをしてはいけないキックですね。そして、周りを見るクセですが、小学校3年生の頃から6年生のゲームに出してもらっていたんです。6年生たちは身体も大きく、足が速いのですぐにボールを取られてしまう。ボールを取られないためにはとにかく周りを見るしかなかった。自分の後ろも見ておかないとすぐに取られてしまう。今思えばその時の経験があったから自然と周りを見る癖が付いたのだと思います」

1つの問いに対してこの自己分析力です。

自分で自分のことに気づく。この「自己発見、自己改善」できる能力こそが柴崎岳の、最大の武器であると私は思います。

また3年生の時に聞いた、最後の選手権を戦い終えた後の話も印象に残っています。柴崎選手の言葉から、さらなる成長を感じます。

「夢の実現に向けてどうやって前に進むべきなのか。この高校3年間で自ら課題を見つけ、解決していくという『考える力』が身に付きました。夢を持つと、今自分が何をすべきかが見えてきます。これは『夢からの逆算』です。大きな夢を持って、日々感動し、心を動かし、夢を叶えるための努力を積み重ねてきた、そんな3年間でした。振り返ると、理不尽なトレーニングもあった。でもそれは監督やコーチが、僕たちが社会に出てどんなことでも立ち向かえる精神力を付けるためにしてくれたことだと気がついた。この後の人生のためだったということに気がついたんです」

ただこの「夢」という言葉に対しては、大人への階段を駆け上がる中で、本人も少し解釈を変えたように思います。プロになってから数年たって久しぶりに柴崎選手に会った時には「夢」についてこんなことを話してくれました。

「夢は寝ている時に見るものです。だから僕は夢ではなく目標を立てることを意識しています。そのために必要なものは何なのか。今、何ができるのか。後回しにしてしまうことは所詮、本当にやろうと思っていないことなんです。一日一日、自分ができることに落とし込んで積み重ねていく。それが大事です」

夢に対するアプローチが、高校時代の「何をすべきか見えてくる」から「どう行動に移すか」という現実的な思考に変わっていたのです。

一方、変わらないところと言えば「自己発見力」です。

プロ5年目の2015年、前の年に初めてJリーグベストイレブンに選ばれ、日本代

高校時代の柴崎岳をCHECK!

表デビューも果たし、心身ともに充実している時期に、面白い視点で人生観を語ってくれました。

「自分の尺度だけでなく、様々な分野で活躍する人の価値観を聞くのが勉強になる。器が大きい人は、一つの出来事をいろいろな角度から捉えることができますからね。ただ、恋愛だけは難しいですね。広い視野に立つことが重要だって分かってはいるんですが、やっぱり視野が狭くなっちゃって。自分の感情が優先されてしまうから難しい。昔から恋愛小説や映画が人々から支持されるのは、そのためだと思うんですよ」

その話を聞いて私は、さすがの柴崎選手も恋愛には視野が狭くなるのか、なんだかかわいらしいなと思ったのと同時に、視野が狭くなることを自覚しているところがすごい、とも思ったものです。

3年後、素敵な奥様を射止めたと報告を受けた時、ついに恋愛でも広い視野を持つことに成功したのか！　とうれしい気持ちになりました。

そして2015年当時、柴崎選手は日本のサッカーをどう見ていたのかについて、直接聞くことができました。その答えは大変興味深いものでした。

「大事なことは、真の意味で一人一人が『自立』することだと思います。何か一つの型があれば、そこから自由な発想が生まれると思う。ルールがあるから自由な発想が生まれるのだと思います。面白いゲームには必ず良いルールがありますよね。きっと岡田武史さんが今治で日本サッカーの型をつくろうとしているものは、これはやっちゃいけないというルールではなく、これだけはやろうというルールなのではないでしょうか。型があれば、ルールの中で穴を見つけていろいろなチャレンジができる気がするんですよね。僕は高速道路を200キロで走る車を見てもかっこいいとは思わない。ルールの中で颯爽と駆け抜けるスポーツカーはかっこいいと思いますよ。『自分で判断し、自分で決断して、自分が責任を取れる選手になれ』と後輩たちにもよくそう話しています」

柴崎選手のような自立した人間が一人でも多く育つことが、日本サッカー界のみならず、日本の社会全体に求められているのではないでしょうか。

最後に「夢」ではない、彼の「目標」をここに記しておきます。

「W杯で日本が優勝することを目指している。でも、僕はその瞬間ピッチにいないかもしれない。いつになるかは分からない。確実なことは日本のサッカーはこれからもっともっと強くなる。ひょっとしたら僕らは、繋ぎの世代かもしれない。でも、50年後日本がW杯で優勝するための道をつくることはできる。将来、子どもたちが輝くために今、僕たちができること。日本代表が良いサッカーをして憧れとなり、一人一人の選手が世界の舞台で活躍する。僕らの試合を見てくれている子どもたちが未来の日本代表を支えるんです」

柴崎選手は今この瞬間も、目標に向かって何ができるか考え、行動しているはずです。

そして最後は、イタリアのACミランで10番を付けるなど世界的なプレーヤーとして知られるだけではなく、現役選手でありながらカンボジア代表監督も務める経験を持つ石川・星稜出身・本田圭佑選手です。高校時代から発揮されていた強烈な存在感についてテレビ金沢の田中憲行元アナウンサーに文章を寄せてもらいました。

地元局アナの証言　田中憲行元アナ（テレビ金沢）

本田圭佑も高校生だった

２００８年北京五輪のグループリーグ敗退となったサッカー日本代表。

その大会後、一本の電話がかかってきました。

「結果を残せず、すみませんでした」

電話は本田圭佑選手からでした。

全試合を食い入るように見ていた私が「いい経験になったんじゃない？」と答えると
「経験では意味ないんです！」

その強い語気に、私の心は揺れていました。


私と本田選手との出会いは２００２年の春でした。高校サッカー担当６年目の私には、新入生の情報も入ってくるようになっていて、入学前から「ガンバ大阪から新入生が来

本田圭佑 →p72参照

田中憲行

テレビ金沢の元アナウンサー。１９９７年入社。

る」という話を聞いていました。当時の星稜は全国大会常連校ではあるものの、全国から選手が集まるような強豪校ではなく、ほぼ石川の選手たちでチームは構成されていました。他府県の選手が来るということだけでも珍しかったのに、それがガンバ大阪ジュニアユースの選手とあって、私も興奮したのを覚えています。

初めて本田選手と話をしたのは入学直後のインターハイ予選でした。1年生でいきなりスタメンに抜擢されて優勝に貢献したのです。試合後、私が3年生の選手たちと親しげに話していると、本田選手からの「いつ自分が取材されるのか」といった視線を感じました。ひと通り3年生と話した後、本田選手のところへ歩み寄り、神戸出身の私が関西弁で話しかけてみたのですが、その時はまだ「いつもの良く喋る本田圭佑」ではなく、「おとなしめの本田君」でした。

その後の取材の中で、「どうして星稜を選んだのか」と聞くと、「これから強くなるチームなので」と返してきたのをよく覚えています。

当時の星稜は、3年生に田中俊也選手、辻田真輝選手、森俊祐選手、麦田和志選手、2年生に豊田陽平選手とタレント揃いでした。これから全国の強豪に肩を並べようとする発展途上のチームであり、その中で自分も1年から活躍できるチームとして星稜を選んだとのことでした。当時はインターネットで手に入る情報も限られていたので、東京の帝京に進学していたお兄さんに相談して全国の高校の情報を集めていたそうです。またその夏、星稜にサッカー専用の人工芝のグラウンドが完成するのですが、その際に本田選手は「計算通りです。これも見越していました！」と自慢気に話していました。

田中俊也
1984年11月12日石川県出身。星稜。第79回、第80回、第81回に出場。卒業後はサンフレッチェ広島→愛媛FC→ツエーゲン金沢を経て、2011年に引退。

辻田真輝
1984年8月3日石川県出身。星稜。第79回、第80回、第81回に出場。卒業後は大宮アルディージャ→ツエーゲン金沢を経て、2009年に引退。

森俊祐
1984年4月29日石川県出身。星稜。第80回、第81回に出場。卒業後は横浜FC→YKK APサッカー部→ツエーゲン金沢を経て、2009年に引退。

この時の星稜は3カ年計画の3年目。育成のため1年生からレギュラー起用されていた選手たちが最上級生になり、下級生にとっては別格に見える選手ばかりでした。そのためか、ある日の室内トレーニングで3年生が腕相撲大会を始めたのですが、2年生は誰1人参加せず、その様子をじっと見ていました。

「俺も入っていいですか？」

そこに勝負を挑んでいったのは、入学間もない1年生の本田選手。その光景は2年生たちにとっては衝撃的だったようです。また、当時は黒いスパイクが主流だった中、その代のキャプテンが白いスパイクを履き始め、周囲から羨ましがられていたのですが、その数日後に本田選手もその白いスパイクを履いて練習に現れ、周囲を驚かせたという逸話もありました。

その年の国体は石川選抜のスタメンは10人が星稜でした。1人だけ他校の選手となったのですが、星稜のレギュラー選手からは本田選手のみ外れた形となりました。

「国体の選手選考会に出ていないから」というのが理由だったようですが、本人はかなり悔しがっていました。そのせいか国体が始まると結果を気にしていて、授業の休み時間になると途中経過を聞きに職員室まで走って来たそうです。ただ、それは一緒に戦っている先輩がどんなプレーをしているか、苦戦していないかを心配しての行動だったようで、本田選手は「自分中心な選手」と勘違いされがちですが高校生の頃から知っている私は、とても仲間思いな人間というイメージを持っています。

麦田和志
1984年11月10日石川県出身。星稜。第79回、第80回、第81回に出場。卒業後は大阪体育大学→徳島ヴォルティスを経て、2010年に引退。

豊田陽平
1985年4月11日石川県出身。星稜。第80回、第81回、第82回に出場。卒業後は名古屋グランパス→モンテディオ山形→京都サンガ→サガン鳥栖→蔚山現代（韓国）→サガン鳥栖を経て、栃木SCに所属。

帝京
帝京高等学校。東京都板橋区。選手権出場34回。優勝6回（第53回、第56回、第58回、第62回、第63回、第70回）。主なOBは本田泰人、中田浩二、山﨑康晃（野球）。

2年生になると本田選手は背番号10番を背負い、完全にチームの中心選手でした。しかし、下級生は本田選手のことを「本田君」「圭佑君」と呼び、敬語を使いません。またこの頃の本田選手は練習後、コンビニエンスストアで2個入りのケーキを買うことがよくあったそうで、周囲からは「カロリー取りすぎやろ」などと突っ込まれていましたが、「疲労回復のために、意図的に糖分を取ってるねん」と本気か冗談か分からない回答をしていたそうです。こんな風に、ピッチ外での規格外な行動に対して一斉に突っ込まれるシーンが多く、「イジられキャラ」の一面もありました。

上級生の懐に入るのも得意で、下級生の面倒見も良かった。サッカーはうまいのに気取らず、仲間からはイジられる。今考えると人間的にもすごい高校生でした。

一方、大人に対して正当な主張ができる高校生、これが当時の本田選手の印象です。石川大会決勝の直前になると決勝に進出したチームの紹介VTRを制作します。本田選手が2年生の時は、完全に本田選手がチームの中心ではあったものの、決勝の生中継を前に多くの選手を知ってほしいとの思いから、「Jリーグ内定の豊田陽平」と「大会得点王の橋本晃司」の県内最強2トップ枠組みで企画を放送し、司令塔の本田選手を企画の中心にはしませんでした。

すると、放送翌日の練習場で本田選手は「何で県内最強2トップなんですか」と私に聞いてきました。星稜の中心選手は自分なのに、どうしてなのかという本田選手の主張に私も動揺し、高校生の彼に対して苦しい言い訳をしたのを覚えています。

橋本晃司

1986年4月22日石川県出身。星稜。第81回、第82回、第83回に出場。卒業後は明治大学→名古屋グランパス→水戸ホーリーホック→大宮アルディージャ→川崎フロンターレ→水戸ホーリーホック→オレンジカウンティSC（アメリカ）→いわてグルージャ盛岡を経て、JFLの鈴鹿ポイントゲッターズに所属。

石川大会に優勝した翌日、テレビ金沢の夕方ワイド番組に生出演をしてもらった時もそうでした。聞き役の私の横にはキャプテン、Ｊリーグ内定ＦＷ、大会ＭＶＰと3年生3人に座ってもらい、その他の選手は「その他大勢」として椅子は用意せずに、立ってもらっていました。スタジオのスペースやマイクの数などを考慮しての判断でしたが、この時も私のところに来て、「何であの3人なんですか」と聞いてきたのです。

本田選手にはチームを優勝させたという自負があったと思います。もちろんその功績は大きかったのですが「来年があるやんか」と動揺しつつもその場をおさめたことを覚えています。大人に対してもきちんと主張をしてくる高校2年生の本田選手は、この時すでに大物のオーラを纏っていました。

3年生になると、私もすっかり本田選手の魅力にとりつかれていました。

将来について話をする中で、「自分は大きくなる」というビジョンを私にも話していました。チームメイトに対しても「ジュースおごってくれ。プロになったら何倍にもして返すから」と言って自分の分を買ってもらうこともありましたし、海外サッカー中継を見て、「この選手たち、数年後には友達になっているから」と海外で活躍するイメージまで持っていたようです。さらには「将来は田中さんも雇えるようになりますから」とまで言われていました。

実際に、ジュースをおごったチームメイトは、何度も食事をご馳走してもらって、何倍どころか何千倍にもして返してもらっていますし、数多くの海外チームで活躍した本田選手は本当に有名選手とも友人になりました。さらに自分の会社もつくってそこで元のチームメイトを雇っています。後は私が本田選手に雇われるだけです。

ビッグマウスと言われることもある本田選手は高校時代から変わっていません。ただ言っていたことをことごとく実現してきた場合、ビッグマウスではありませんよね。チームメイトも私も、すべて実行してきたことに度肝を抜かれ続けてきました。当時から、こんな風にして周囲を引き付ける、不思議な魅力があったのです。

さて、本田選手が日本代表の中心になった頃、こんなことを言われた覚えがあります。

「田中さんは、まだテレビ金沢にいるんですか? フェンロにいた時の僕ですね」

一瞬、動揺したのを覚えています。その言葉には何が込められていたのか。

もしかしたら

「長く会社にいて、お山の大将でいるのが居心地良いんですね」

と言おうとしていたのかもしれません。

高校時代から変らず私をドキッとさせる存在、それが本田圭佑です。

高校時代の本田圭佑をCHECK!

第4章

さあ、中継が始まる

近づく全国大会

組み合わせ抽選会から1カ月ほどが経過すると、いよいよ全国大会が近づいてきます。各地元局のアナウンサーはその間に取材した内容を資料化してから東京に入ります。

まさに、地元代表校と同じ気持ちで全国大会を迎えるのです。中には少年サッカーの頃から10年以上取材をしてきた選手もいて、いつ敗退してしまうか分からない一発勝負のために、地元局アナは放送ですべてを出し切ります。一方、会社の都合でこの大会をもって実況の舞台を後にするアナウンサーもいます。どんなアナウンサーにも後進に道を譲る時が来るのです。そのうちの1人、三重テレビ平田雅輝アナウンサーに文章を寄せてもらいました。

地元代表校への強い思いが「運命を動かすこと」があるのかもしれません。

地元局アナの証言　平田雅輝アナ(三重テレビ)

奇跡のリポート　[三重・四日市中央工]

私にとって強く印象に残った大会と言えば、地元三重の四日市中央工が準優勝した第

四日市中央工
→p30参照

90回大会だ。その1年前の第89回大会で、私と四日市中央工の樋口士郎監督は、国立競技場で行われた準決勝の放送席にいた。私が第1試合の実況で、樋口監督は第2試合の解説を務めることになっていたのだ。私にとって国立での実況は人生の晴れ舞台だった。しかし樋口監督にとっては、放送席ではなく、チームを率いてピッチサイドにいたかったに違いない。そのことは私が一番よく分かっていた。

　翌年の第90回大会が始まる前に、私は樋口監督にある夢を伝えた。これは地元局のアナウンサーとしては最高の夢だ。

「地元の代表校と一緒に国立の決勝の舞台に立ちたい」

　どの地方局アナウンサーも、国立で地元校のベンチリポートをしたいと思っている。ただ、そのためには少なくとも準決勝まで勝ち上がってもらう必要がある。さらに「決勝」ともなれば何年かかっても実現しない夢のような出来事だ。一度も国立でリポートをせずに引退するアナウンサーも多くいた。

　一方の私には、実はもう時間がなかった。この大会を最後に高校サッカーアナウンサーとしての引退が待っていたのだ。

「今年の大会を最後に高校サッカーの仕事を引退することになりそうです。私の夢は、地元の代表校と一緒に国立の決勝の舞台に立つことです」

　樋口監督は少し驚いた表情を見せた後、「頑張ります」とだけ応えた。

　この年の四日市中央工には、浅野拓磨選手や田村翔太選手など後にJリーガーとなる

第90回大会
２０１１年12月30日から２０１２年１月９日に開催。優勝は市立船橋（千葉）。

第89回大会
２０１０年12月30日から２０１１年１月10日に開催。優勝は滝川第二（兵庫）。

樋口監督と平田アナ

選手が数人いたが、2年生中心のチームで決して期待されていた学年ではなかった。そのチームが、1回戦、2回戦を勝ち上がり、3回戦へと進んでいった。相手は、京都代表の立命館宇治だった。試合は立ち上がりから四日市中央工ペースだったが、チャンスを活かせず、相手に先制されて刻々と時間が過ぎていった。

50年以上の歴史がある四日市中央工サッカー部には「四中工魂」という言葉が代々受け継がれている。

・苦しい時こそ頑張る強いメンタル

・絶対に負けられない伝統校のプライド

・100人以上のサッカー部員を代表してプレーする誇りと責任

「四中工魂」には、熱すぎる伝統校の思いが込められている。樋口監督は、「勝利への強い執念が込められた四中工魂が最後に勝敗を分ける」と常々選手に話していた。

試合に戻ろう。全国大会は40分ハーフの試合。試合は後半33分を過ぎていた。うっすらと負けを覚悟し始めた私はベンチに座る樋口監督の表情を見て、四中工魂の言葉を思い出して、リポートを入れた。15年に及ぶ私の高校サッカー最後のリポートになることを覚悟して。

「四中工ベンチです。樋口監督がハーフタイムに出した指示です。ウチは今大会、出場校の中で最多の29回目の全国選手権だ。他の高校とは歴史や伝統が違う。最後まで白いユニフォームに自信と誇りを持ってプレーしよう」

立命館宇治
立命館宇治高等学校。京都府宇治市。選手権出場2回。主なOBは久保裕也。

最後は「私の祈り」を込めて、こう付け加えリポートを締めた。

「伝統校の力は残り5分です」

すると、その後から四日市中央工の怒涛の攻撃が始まった。後半アディショナルタイム、ついに浅野選手が同点ゴールを決めた。メイン実況のアナウンサーも「これが伝統校の力」と劇的な同点ゴールを謳い上げた。

試合はＰＫ戦の末、四日市中央工が勝利した。


続く準々決勝の愛知・中京大中京戦。この試合も、同じような展開となった。

後半30分を過ぎて、中京大中京に1点リードされていた。ふと隣のベンチに視線を送ると、相手側のベンチリポーターが勝利インタビューの段取りを確認していた。

この試合に勝てば、夢の聖地国立だ。終盤になると会場は異様な雰囲気に包まれる。相手側のベンチリポーターが段取りを確認し、自分を落ち着かせようとしていることも手に取るように分かる。それほど試合会場は興奮に包まれるのだ。

樋口監督がベンチを飛び出した。選手に指示を出しているが歓声で聞き取れない。私は監督の思いを「代弁」してリポートした。そこに「私の祈り」を込めた。

「伝統校の力は残り5分です」

その直後、四日市中央工の猛攻が始まった。なんとまたしても後半のアディショナル

平田アナのリポート＆浅野拓磨の同点ゴールをCHECK！

中京大中京
中京大学附属中京高等学校。愛知県名古屋市。選手権出場16回。主なOGは浅田真央（フィギュアスケート）。

タイムに浅野選手が同点ゴールを決めた。信じられないことが目の前で起きている。この試合の実況アナウンサーも「奇跡が起きた。これが伝統校の力」と謳い上げた。そして、試合はＰＫ戦へともつれ込んだ。

先攻となった四日市中央工の1人目がＰＫを決めた後、短くリポートを入れた。

「四中工は樋口監督就任以降、全国選手権のＰＫ戦で4勝0敗。樋口四中工はＰＫ戦で負けがありません」

これは、運が勝敗を大きく左右するＰＫ戦のゲン担ぎだ。その直後に相手チームのキッカーが失敗しＰＫ戦に勝利した。この結果をもって、私が大会前に樋口監督に伝えた「地元のチームと決勝の国立に行く」という夢が、いよいよ現実味を帯びてきた。

四日市中央工の奇跡のような逆転劇が続いたこととともに、自分のリポートが四日市中央工の猛攻のきっかけとなったかのような不思議な感覚にとらわれていた。スタッフからは「奇跡のリポート」との声も漏れ始めていた。その後、四日市中央工は準決勝で快勝し、優勝した第70回大会以来となる20年ぶりの決勝進出を果たした。私が願い続けていた決勝、国立の夢が叶ったのだが、そこには違う奇跡が待っていた。

第90回大会決勝・四日市中央工vs市立船橋。

対戦相手である千葉代表・市立船橋のキャプテンは三重県出身の和泉竜司選手だった。中学時代に三重県内で取材していた和泉選手とは大会前に3年ぶりの再会を果たしていて「四中工と市船が決勝で対戦できたら最高だね」と話していた。つまり、四日市中央

準々決勝 浅野拓磨の同点ゴールをCHECK!

第70回大会
1992年1月1日から1月8日に開催。四日市中央工（三重）と帝京（東京）の両校優勝。

和泉竜司
1993年11月6日三重県出身。市立船橋。第90回に出場し優勝。卒業後は明治大学→名古屋グランパスを経て、鹿島アントラーズに所属。

工と市立船橋の決勝は、和泉選手と交わした「私のもう一つの夢」だったのだ。

「サッカーの神様はこんな粋なご褒美をくれるのか」

この決勝は、15年間高校サッカーを追い続けてきた私にとって最後の試合なのだ。

試合は前半1分にコーナーキックから浅野選手の先制ゴール。浅野選手にとっては、6試合連続ゴールとなり四日市中央工が先制した。何度も土壇場で追い付くゴールを挙げてきた2年生の浅野選手が国立の決勝で、大きな、大きな仕事をした。

その後、試合は拮抗した展開となり、四日市中央工1点リードのまま、残り時間も少なくなっていった。ベンチ横にいた私は最後マイクを置き、両手を合わせ、まさしく祈る思いで20年ぶりの優勝の瞬間を待っていた。

時計は後半45分を過ぎた。すかさずアディショナルタイムが表示された。2分だ。しかしその直後だった。歓声と悲鳴が混じり合う轟音に国立競技場が包まれた。その轟音の中心にいたのは、市立船橋のキャプテン和泉選手だった。劇的な同点ゴール。

「伝統校の力は残り5分」

熱狂に包まれる国立のピッチ脇で、この言葉が思い浮かんだ。劣勢に立たされた時に真の力が解放されるのが伝統校。その力を決勝で見せたのは創部1957年の名門、市立船橋だった。試合はそのまま延長戦にもつれ込んだ。運命のいたずらか、神様の贈り物か、延長後半にゴールが決まる。決めたのは市立船橋の和泉選手。見事だった。

和泉竜司の同点ゴールをCHECK!

和泉竜司の決勝ゴールをCHECK!

第90回大会決勝は2―1で市立船橋が勝利し、5回目の全国制覇を成し遂げた。

「伝統校の力は残り5分」

決勝戦でその力を見せつけたのは、市立船橋だった。

地元チームと決勝に立つ夢が叶った第90回大会。地元チームと全国の頂点という夢は、次の世代に任せることになった。第100回大会にも「伝統校」が全国大会に多く出てくることであろう。私は今でも「伝統校の残り5分」に注目し続けている。

敗者リポートまで時間がない

高校サッカーはトーナメント方式のため、負ければその時点で3年生の引退が決まります。負けを受け入れられず号泣する選手、呆然とする選手、泣いている仲間をなぐさめる選手、それぞれに3年間の思いがあります。それはもちろん監督も同じです。

厳しい練習を課したのに必死についてきてくれた選手たち、そこには感謝の思いすらあるでしょう。だからこそ、その思いを私たちアナウンサーは中継の最後に何とか伝えたいのです。私たちは負けたばかりの監督からその一言を聞き出すために待ち続けます。

しかし、放送終了のカウントダウンが始まれば、もう待てません。その時私たちは、どんな思いでいるのか、岡崎アナウンサーに伝えてもらいます。

地元局アナの証言　岡崎和久アナ（札幌テレビ）

散り際

放送終了前のわずか10秒から15秒、ここにアナウンサーとしての苦しみや悩み、思いが詰まっています。3年生にとっての引退、勝たせてやれなかった監督の思い。あらゆる感情が凝縮されているのが敗者リポートです。このリポートは、アナウンサーにとっては仕事という概念を超えていて、1人の人間として感情を抑えられずに、お伝えしてしまうことも多くあります。切ない、悔しい、ありがとう、お疲れさま、いくつもの言葉が溢れ出し、我々アナウンサーの感情も大いに揺さぶられます。しかし最後のリポートは完成させなければなりません。

中継の一般的な流れとして、勝利監督インタビュー、ヒーローインタビューの直後に敗者リポートとなります。敗れた選手たちは泣き崩れ、それを仲間が支えます。それを見つめる監督、コーチをカメラがとらえていることも多くあります。敗者リポートの取材は、その最中に行われます。

敗者リポート取材の最初は監督です。監督は、ここで何を語るのか。試合終了間際に決勝ゴールを決められた試合などは、ショックを隠し切れない監督に話を聞かなければいけないのですが、共にチームと戦っていたベンチリポーターもこの敗戦を受け入れられないでいます。それでも葛藤の中、話を聞きに行くのです。監督も泣いたままグラウンドを見つめ、言葉が出てきません。それでも監督が搾り出してくれた言葉を拾ってリポートするのです。

「○○監督は、目に涙をためながら、選手たちはよくやった。来年、後輩たちが必ず借りを返してくれる。3年生には、人生の勝者になるように次の一歩を踏み出してほしいと話していました」

「最後の最後に隙があった。この隙があったという事実を受け止める選手であってほしい。3年生はこの悔しさを忘れず人生に活かしてほしいと○○監督は絞り出すように話していました」

たった10秒から15秒ほどの敗者リポートですが、シンプルな言葉の背景には、高校サッカーの散り際の情緒が隠れているのです。記念すべき第100回大会も、地元局アナは敗れた悔しさをこらえながら、いい言葉で送り出そうと努力するはずです。監督や選手たちが絞り出した声をまとめた敗者リポートにも注目してほしいです。

続いて、読売テレビの小澤昭博アナウンサーに登場してもらいます。高校サッカーに携わってきたアナウンサーの中でも、準決勝の実況を7回も担当してきたベテランです。

地方局のアナウンサーはチームと「一心同体」で大会を戦うので、大切なハーフタイムのロッカールームに入ることを許されるアナウンサーもいます。それだけチームから信頼を得て取材を行い、選手たちの思いを全国に伝えているのです。小澤アナウンサー

読売テレビ
讀賣テレビ放送株式会社。略称はytv。本社は大阪府大阪市。

はその1人です。また、全国大会で多くのチームを見つめてきたベテランアナウンサーであれば、監督から依頼されて「選手に言葉を贈る」こともあります。マイクを持たずに伝える言葉は、選手に直接届きます。今回は小澤アナウンサーが実況ではなくベンチリポートを担当した時のお話です。

地元局アナの証言　小澤昭博アナ（読売テレビ）

関大一高が夢の舞台で起こした奇跡

第88回大会において、大阪府代表の関大一高サッカー部が3位に輝いた。大阪勢としては実に32年ぶりという快挙。私は幸せなことに、この関大一高の全試合のベンチリポートを担当させてもらった。それまでに準決勝の実況は担当していたが、国立競技場でのベンチリポートは初めての経験だった。実況という立場とはまた違って、私もチームと同じフィールドに立ち、選手たちやスタッフの皆さんと一緒に戦っている気持ちで中継に臨んでいた。

関大一高の魅力は何といってもチームの一体感。マネジャーを置かずに洗濯や荷物運び、その他雑用などすべて自分たちでこなし、皆が仲間のために働く。このチームワー

小澤昭博

読売テレビアナウンサー。1991年入社。サッカーや野球、ゴルフなどの実況を数多く担当。

第88回大会 →p37参照

クが試合での戦い方にも反映されている。大会期間中、チームに帯同し、じっくりと関大一高の選手たちと向きあう中で、「昨日より今日、今日よりも明日」と、精神的にも肉体的にも日に日に強くなっていく選手たちを目の当たりし、その成長ぶりに驚かされることばかりであった。そんな選手たちの姿はとても逞しく、そして眩しく、私も共に戦える喜びを感じていた。

全国大会、関大一高は2回戦からの登場だった。大阪府大会でも優勝候補ではなく、突出したスター選手もいない中で、全国大会の2回戦、3回戦、準々決勝と実力・実績共に対戦チームが優勢と言われる下馬評を覆し、見事に勝ち抜いて、準決勝の舞台である「夢の国立競技場」へと駒を進めた。ここまででも誰も予想もしていないことだった。チームを31年率いる佐野友章監督が、「自分たちが何でここ（国立競技場）にいるのか分からない」と言ったほどだ。

迎えた準決勝の対戦相手は青森県代表の青森山田。U－17日本代表の選手たちがスタメンに名を連ね、盤石の試合展開で勝ち上がってきた絶対王者だ。後に日本代表入りする柴崎岳選手がチームの顔だった。関大一高は、試合開始から臆することなく積極的に攻撃を仕掛けるも、なかなか点が決まらず前半は無得点。青森山田に2点のリードを許したまま後半に入り、後半40分を過ぎても得点を奪うことができない。もはや万事休すかと思われたが、関大一高イレブンは全く諦めていなかったのだ。

実は、あの試合のハーフタイムで佐野監督は選手たちにこう伝えていた。2点ビハインドのハーフタイム。選手たちが諦めムードでロッカールームに戻ってくると、佐野監

関大一高
関西大学第一高等学校。大阪府吹田市。選手権出場4回。

督は選手たちに向かって「この中に、もう戦えない、もう走れない、もう負けたと思っているものはおるんか。おるんやったら青森山田のベンチに行って、すいませんもう戦えませんと言うてこい。もうここで終わりや！」と一喝していた。

残り1分となった後半44分。まずは関大一高のエースストライカー、FW久保綾祐選手がこぼれ球に食らいつき、強烈な左足シュートで1点を返す。直後に、アディショナルタイム3分の表示がされ、明らかに国立競技場内も「勝負はまだ分からないぞ」という雰囲気に変わった。関大一高はそれを追い風にして総攻撃で絶対王者に向かって行く。流れは完全に関大一高だ。

怒濤の攻撃の中、アディショナルタイム1分半が経過したあたりで関大一高のセットプレー、こぼれ球をフリーで待っていたMF井村一貴選手が左足でしっかりと決め、2－2の同点に追い付いた。試合時間残り1分から奇跡が起こったのだ。この時の国立競技場はこれ以上ない歓喜の渦に包まれた。かつて、選手権全国大会で帝京を6度優勝に導いた名将・古沼貞雄監督から「国立競技場の歓声は地響きのようにベンチの底から突き上げてくるのだよ。あの身震いするような体験をもう一度味わいたい。そんな気持ちに駆られるから、2度目、3度目の国立進出を目指してチームを率いてきたのかもしれない」と、そんな話を聞いたことがあった。

関大一高の同点ゴールの瞬間、私はベンチの真横に立っていた。ベンチの控え選手、スタッフ、誰もが狂喜乱舞だ。今でも関大一高の同点ゴールが決まる瞬間のボールの軌道、ネットの揺れを鮮明に記憶している。この時私は大会に携わってきた19年間で初めて、古沼監督が言う地響きや、身震いするような感覚、競技場が1つになる体験をした。

結果的にPK戦で関大一高は試合に敗れてしまったが、勝負では決して負けてはいなかった。最後まで必死にボールを追う彼らの姿に、私もリポートをしながら心が揺さぶられ、目頭が熱くなった。そしてその姿はたくさんの方に夢と感動を与えたのではないだろうか。

この大会で私は、大阪府大会から全国大会まで関大一高のすべてのミーティングに参加させてもらった。その中で佐野監督は、最後に必ず私が話す時間をつくってくれた。私は選手権大会でこれまで起こったドラマや選手権大会の魅力を、具体的な事例を挙げて選手たちに語りかけた。それは、選手一人一人にこの大会が本当に素晴らしいもので、これから戦いに挑む君たち自身が、かけがえのない経験をしに行くのだよ、ということを知ってほしかったし、1秒でもこの時間を大切にして戦ってほしかったからだ。そんなお節介な私の話を、関大一高の選手たちはいつも目を輝かせて聞いてくれていた。

準決勝の青森山田戦にPK戦で敗れ、宿舎に引き上げた後の最後のミーティング。試合終了直後には涙を流していた選手たちにも少し明るさが戻っていた。ここまでチームを率いてきた監督からの最後の言葉、続いてコーチ、トレーナー、スタッフ、そしてやはり最後に私にも時間をくれた。何を喋るべきかあれこれ考えてはいたが、最後も思いつくままに選手たちに語りかけた。

「銅は金と同じと書くじゃないか。ここまで皆が一生懸命取り組んできたことにサッカーの神様は金と同じ物をくれたのだよ。これからも地道にこつこつと努力していけばどこかでまた挑戦できる時が来るよ」と。私も選手たちも流れる涙を止められなかった。人生の先輩として選手たちに偉そうな話もしたが、選手たちからいろいろなことを教えられたのはむしろ私の方だった。私が忘れていたものを思い出させてくれ、初心に返ることができた。

大会後、関大一高の宿舎や学校などに「選手たちの姿にとても励まされた」という内容の手紙などがたくさん届けられたそうだ。中でも末期がんと闘う患者さんから届けられた「選手たちの最後まで諦めない姿を観て勇気を貫いました」という手紙を見て、佐野監督は国立の舞台で戦うということの意義をひしひしと感じたという。

あの時、なぜ奇跡が起こったのか、その問いに答えは無い。はっきりと言えるのは、関大一高の監督、スタッフ、選手が誰一人として最後の最後まで試合を諦めていなかったこと。対戦チームの青森山田がそのドラマを引き起こすに相応しい、素晴らしい実力を持ち合わせたチームであったこと。そして国立競技場が選手たちの実力以上の能力を引き出してくれる、まさに夢の舞台であるからであろう。

チームを率いてきた佐野友章監督は、この大会から4年後の２０１３年11月に亡くなられた。この場をお借りして、天国に旅立たれた佐野監督に心から感謝申し上げたい。高校サッカーの頂点を目指し人生のすべてを捧げた数多くの指導者たちの情熱、夢を諦めなかった選手たちのひたむきさ、そのプレーに引き込まれていくサッカーファンの歓声や応援。さらに、チームには何の縁がなくとも高校生たちの頑張りを支援してくださる地元の方々がいるからこそ、高校サッカー選手権では思いもよらないドラマが生まれていると、私は確信している。

応援席リポーターの奮闘

全国大会は、高校サッカーで汗を流してきた選手にとっては憧れの舞台ですが、実は、スタンドにいる選手の両親や関係者にとっても夢の舞台なのです。私たちはわが子や仲間を応援する観客席でも高校サッカーらしさを見つけ出そうと、試合中にスタンドを走り回って「ネタ」を集めています。あまり中継には登場しないけれど、「応援席リポーター」にも涙ぐましい努力があるのです。

さて、応援席リポートをする上で一番の問題は、人探しです。選手の親はもちろん、去年のチームのキャプテンや、そのチーム出身のJリーガーなどなど。小さい会場ならまだしも数万人を飲み込むスタジアムで「その人」を探すのは至難の業です。さて、どうやって探し出すのか。アナウンサーたちもスタンドで涙ぐましい「工夫」しています。

地元局アナの証言　福岡竜馬アナ（福岡放送）

画用紙作戦

応援席リポーターに指名されると、試合当日はスタンドを歩き続けますのでスマートフォンに内蔵されている万歩計は毎日1万歩を大きく超え、2万歩に近づきます。高校サッカー中継を見ていればお気づきの方もいると思いますが、応援席で「○○選手の家族や数年前のOBが来ています」といったリポートに合わせて、その本人が映像で映し出されることも多いはずです。私たちも涼しい顔をしてリポートしていますが実際のところ、この人探しは大変な作業です。応援席のリポーターは1人だけです。

想像していただけますか、決勝戦で言うと軽く4万人を超す観衆の中から、たった1人を探すということを。もちろん、3回戦以降など1日に開催される試合数が少なくなってくると、助っ人として数人のアナウンサーが手伝ってくれることもあります。

第90回大会の決勝戦は、市立船橋vs四日市中央工という名門カード。そのため当時の国立競技場には43884人が観戦に訪れました。私は四日市中央工の応援席のサポート役を担当しました。特にあのスタジアムはすり鉢状のスタンドで勾配は他のスタジアムより高く感じます。急斜面のようなスタンドを走り回って人探しをしたのです。

決勝前日の打ち合わせで四日市中央工サイドの応援席には、その後プロへの道に進ん

第90回大会 →p103参照

だＯＢが多数駆け付けるらしいという情報がもたらされていました。四日市中央工の応援席を担当するリポーターは私のような手伝いも含めて総勢４、５人はいたと思いますが、みんなであの急斜面で人探しをする対策を練ったのです。その結果、思いついたのは何ともアナログで原始的な方法だったのですが、当日しっかりと効果が出ました。

その対策とは「画用紙作戦」です。

大きな画用紙に「○○さんを探しています」と書いて走り回ろうと決めたのです。

そして、試合当日。

大勢の観客がスタンドに入り始めます。私の任務は「四中工の三羽烏」と呼ばれ、その後日本代表でも活躍した中西永輔さんを探すこと。大切なミッションです。

私はキックオフのかなり前から「四中工ＯＢの中西永輔さんを探しています！」と書いた画用紙を持ってバックスタンドを走り回っていました。急な階段を駆け上がり、駆け下りる。そうこれがこの日与えられた、私の使命だったのです。実際に競技場の下段から見上げると最上部の客席は「豆」ほどにしか見えませんでした。

時折、観客の１人から「さっき見たよ」と目撃情報をいただきます。しかし、「どちらにいらっしゃいますか？」と尋ねると、その方も「うーん」と返答に困る。

当然です。観戦位置まで把握しているはずもありませんから。もう、本人か、本人と一緒にいる人、もしくは近くにいる人にこの画用紙を見てもらうしかないのです。

決勝戦はキックオフを迎え、テレビ中継も始まりました。スタンドも観衆で埋め尽くされました。ただ中西さんは、まだ見当たりません。

中西永輔

１９７３年６月23日三重県出身。四日市中央工。第68回、第69回、第70回に出場。第70回では優勝。卒業後はジェフユナイテッド市原→横浜Ｆ・マリノスを経て、２００６年に引退。

「中西さんを探しています!」

階段の上り下りで息もあがり、声もろくに出ません。でも中西さんを探すのをやめるわけにはいかないのです。まるで、離ればなれだった家族や恋人を探すような想い。

「この画用紙を見てくれ! そして、合図を送ってくれ」

普段の不摂生を悔やみながらも一心不乱に、満員のスタンドを駆け回ります。するとその時、はるか彼方、国立競技場のスタンド最上部から、こちらに手を振っている人影を見つけました。

そう、画用紙作戦が成功し、中西さんの居場所が分かったのです。おそらく、試合を分析するためにできるだけ俯瞰して見ようとされていたのでしょう。国立競技場の最上段で中西さんにお会いすることができました。

無事にお話も伺えました。その取材メモを握りしめて、応援席リポーターのところへ走ってメモを渡し、その一方、中西さんの居場所をカメラマンに伝えることもできました。ああ、ミッションコンプリート。中西さんを見つけ、取材をし、メモを握りしめて走り出す前のほんの一瞬だけ、最上段から見下ろした国立競技場のピッチ。私にはことのほか輝いて見えました。

その後、どの会場でも応援席リポーター用に「画用紙」が常備されるようになりました。第100回大会も、もちろん準備されるでしょう。

会場に観戦に行かれる方にお願いしたいことがあります。画用紙を持って走り回って

いるアナウンサーやスタッフを見かけたらぜひ、助けてあげてください。そして、OBの方々や関係者の皆さん、画用紙を持って走っている人影を見たらぜひ居場所を教えてください。リポーターが探しているのはあなたかもしれません。

地元局アナの証言　岡崎和久アナ（札幌テレビ）

応援席で見つけた第100回大会の顔

応援席では、応援している皆さんだけではなく、実はアナウンサーも戦っています。いかに短時間で取材対象者を探してエピソードを聞き出すか、このチームの伝統とは何か、このチームが目指すものは何か。多くの、まだ表に出ていない事実がそこにはあります。それをしっかり掴むために、自己紹介がてらに行う試合前の挨拶、いわゆる前説が勝負となります。

「札幌テレビの岡崎です！　○○高校の皆さんが、今日、勝利をつかむことを後押しするために北海道からやってきました！　保護者の皆さん、吹奏楽部、チアリーダーの一体感がグラウンドに伝わると選手たちの動きが良くなり勝利へ近づくと、我ら高校サッカーアナウンサーの歴代の先輩から教わりました。相手チームも素晴らしいですが、まずは応援で圧倒しましょう！ 皆さんの応援は必ず選手たちにも伝わります」

ここで大きな拍手が起きれば、応援に熱が入り試合も盛り上がります。応援席リポーターとしても「今日はいける、大丈夫だ」と自信が持てます。

しかし、ここで拍手が小さければ、こう言ってみたりもします。

「応援席からの声や拍手が選手たちに届くと普段以上の力が出ると聞いています。選手が応援席前に整列していると思って、大きな拍手をお願いします」

この呼びかけにドッと大きな拍手が起これば大丈夫。

しかし、ここですかさず、「カメラが来た時にわざとらしいカメラ目線、ウソ泣きはやめてくださいね」と付け加えるとさらに和やかになり応援席の皆さんとの距離が縮まり、一緒になって戦う準備ができます。また応援席の皆さんから深いお話を聞くこともできるのです。


そんな時に私が応援席を担当したのが第97回大会の決勝戦、青森山田でした。千葉代表の流通経済大柏を相手に勝利を収め2度目の日本一に輝いた大会です。私はいつものように前説をし、応援席を盛り上げ、仲間に入れてもらった後に、こんな質問を生徒や保護者にぶつけてみました。

「応援席にいる未来のエース候補は誰ですか」

この問いに対して、実は、異口同音にある1人の名前が挙げられたのです。

「青森山田中学の3年生・松木玖生（くりゅう）君だよ」

第97回大会
2018年12月30日から2019年1月14日に開催。優勝は青森山田（青森）。

流通経済大柏
流通経済大学付属柏高等学校。千葉県柏市。選手権出場6回。優勝1回（第86回）。第100回大会に千葉県代表として選手権出場。

話を聞けば北海道・室蘭出身とのこと。私の住む北海道からそんなすごい選手が青森に渡ったのかと興味を覚え、すぐに松木君を探し出しました。初めて会った彼に、中学3年生のあどけなさはありませんでした。あどけなさとは正反対の落ち着きがあり、自分も決勝のピッチに立ちたいという強い眼差しでグラウンドを見つめていたのです。

「来年からトップチームで中心選手として戦うつもりです。ちょうど僕が3年生の時が第100回大会なのでそこに標準を合わせます」

中学3年生の口からその力強い決意が、溢れてきました。私は彼のその強い気持ちに惹かれ、応援席リポートとして松木選手のことを紹介しました。その翌年、彼は1年生から主力として第98回大会を戦い、第99回大会を沸かせ、第100回大会で3年生となりました。この第100回大会でも全国大会に出場する青森山田。その試合開始直後のファーストカット（最初に注目選手として紹介する映像）は、松木選手になる可能性が高いでしょう。未来のスターを応援席で探し出すことも、我々高校サッカーに携わる人間にとって、大きな楽しみの1つなのです。

一方で、チームによっては地元色の濃い応援団もいます。お国訛りもその一つです。ただ、それを取材するのも地方色の濃いアナウンサーで、お互いの化学反応が生み出すハプニングも当然起きます。元びわ湖放送の牧田もりかつアナウンサーが実際に経験した思い出を伝えてもらいます。

松木玖生
2003年4月30日北海道出身。青森山田在学中。第98回、第99回に出場。FC東京入団内定。

第98回大会
2019年12月30日から2020年1月13日に開催。優勝は静岡学園（静岡）。

第99回大会 →p16参照

松木玖生の紹介リポートをCHECK!

地元局アナの証言　牧田もりかつアナ（元びわ湖放送、現フリー）

恐怖を感じた応援席リポート

私は応援席リポートが大好きでした。家族やクラスメイト、学校関係者の生の声を伝えることで高校生らしさ、郷土の文化を浮き彫りにできるからです。ただそんな大好きな応援席リポートでも、身も凍るような出来事が起きることもあるのです。

地方局のアナウンサーは基本的に地元校のベンチリポーターを担当するのですが、例えば地元チームが初戦で負けてしまった場合は、そこからは初めてご挨拶するチームのベンチリポートや応援席リポートを受け持つことになります。そのチームにも熱い想いが秘められていて、初めてお会いする人たちだけど全力でリポートするぞと意気込むものです。その一方で、例えば応援席リポートには別のハードルがあるのです。

全国大会では1日1会場で2試合が組まれます。応援席リポートの場合、第1試合では試合前に家族や応援団を取材する時間があるのですが、問題は第2試合です。事件は第2試合に起きました。

第1試合で「ベンチ」リポートを担当した私は、1試合目を終えるとバックスタンドにある応援席に走って向かいました。第2試合は「応援席」リポーターだったのです。

担当は青森県代表三本木農業です。応援席は第1試合と第2試合のインターバル中に応援団の入れ替えが行われますので、2つの学校の生徒や関係者が入り混じる「カオス状態」ができ上がります。その中で「初めまして」のチームの取材をしなければならないのです。全国大会担当3年目の私はすでにパニックになっていました。

「三本木農業の関係者はどこにいるだろう。誰に取材をすればいいのだろう」

実は三本木農業も選手権初出場で応援の皆さんもどこに行っていいのか分からなかったはずです。お互いパニックですからさらに大ピンチです。

「ピーーーッ」

耳に飛び込んできたのはキックオフの笛の音。当然、カオス状態の応援席にいる私は誰一人として話を聞くことができていません。そうです、応援席はまだ多くの人が移動中で、席に腰を下ろしている人はいません。誰が誰だか分からない状態なのです。

高校サッカー選手権の中継では、「応援席の最初のリポート」は試合開始からおよそ15分後。実況アナから応援席へ呼びかけがあり、そこからリポートが始まります。

「とにかく一番偉い人に話を聞いて、それでこの場を凌ごう」

そう考えた私は三本木農業の校長先生（だったと記憶しています。間違っていたら申し訳ありません）を探します。一方、すぐ隣の相手側応援席では、ブラスバンドが大音量の応援を始めました。

「校長先生はどちらですか！」

「校長先生の場所を教えてください‼」

三本木農業

青森県立三本木農業高等学校（現校名・青森県立三本木農業恵拓高等学校）。青森県十和田市。選手権出場1回。

私は大声を出しながらスタンドを走りまわっていました。するると私の祈りが通じたのか。意外にも校長先生はすぐ近くにいらっしゃいました。「よし！　俺はもってる。これで大丈夫だ！」と心の中でガッツポーズをつくり校長のもとへ向かいます。しかし悲劇はここからでした。

牧田「今日は何人体制の応援ですかー？」
校長「△○×＄％＃…」
牧田「初出場で校長先生は今どういう気持ちですかー？」
校長「△○×＄％＃…」

大音量のブラスバンドと校長先生のお国言葉が交錯し理解することができないのです。質問の意図は伝わっているようなのですが、何度聞いても答えが分かりません。

一方の私は関西出身。学生時代から関西を出ずに、関西のテレビ局に就職しました。青森に旅行したこともなく、青森の言葉に触れたこともありませんでした。

大音量のブラスバンド応援は続いています。応援席リポートも迫ってきます。未熟者の私には心の余裕がありませんでした。校長先生は、何一つ悪くありません。教え子の試合を見たいはずなのに誠実に、丁寧に質問に答えてくれているのです。私は何とか理解しようとその後も校長先生に食いついていました。

ふと気がつくと実況アナとベンチリポーターのやり取りが終了していました。次は、応援席リポーターが呼びかけられる番です。応援席担当のディレクターも不安そうに私を探しています。底知れぬ恐怖で、冬なのに汗がしたたり落ちました。
その時、私は覚悟を決めたのです。
実況アナ「三本木農業の応援席は牧田さんです。そちらの様子はどうですか？」
牧田「はい。こちら三本木農業応援席です。青森から来た応援団は…」

何を話したか今は記憶にございません。地域や学校は盛り上がっているとか、全力で頑張れとか、そんな感じのことを適当に言ってしまいました。視聴者の皆様、本当に申し訳ございません。局アナ・フリーランスのアナウンサー生活30年で一度だけ「適当なアナウンス」をしてしまいました。本当にこの一度だけです。若気の至りでした。第100回大会に免じてお許しください！

ハーフタイムには、高校サッカー恒例の応援合戦リポートが行われますが、これがまた楽しいものです。各アナウンサーはなんとか応援席の雰囲気を全国に伝えられないかと工夫を凝らします。また、リポートの演出やカメラワークもすべてアナウンサーが自分で考えるため、はっきりと「実力」が出るところもひとつの見どころです。まずは岡崎アナウンサーが実況席で聞いて思わずうなった応援席リポートからお伝えします。

地元局アナの証言　岡崎和久アナ（札幌テレビ）

解説者も笑顔にする応援席リポート

ハーフタイムになりますと、実況アナウンサーは後半の試合展開に備えますが、その間に応援席で繰り広げられるのが、両チームの応援合戦リポートです。定番のパターンである「学校関係者やＯＢ、そして選手の家族に出演していただき、応援席の拍手や吹奏楽部の演奏で締める」というシーンを皆さんもご覧になったことがあると思います。そんな応援席リポートの中で、アナウンサーの立場から見ても、なるほどなぁ、と感心するリポートをご紹介します。

第95回大会準決勝、前橋育英vs佐野日大のハーフタイムに行われた応援合戦リポートです。ＫＢＳ京都、梶原誠アナが前橋育英サイドでマイクを握りました。梶原アナにこのリポートについて話を聞くと、「前橋育英の応援席はとにかく賑やかだった。ですから、上州名物「かかあ天下とからっ風」という言葉はどこかで使いたいなぁと思っていました。また、応援席でお母さんたちの会話に耳を傾けていると、自分の子どもだけじゃなく、他の子どもたちとも我が子のように接していて、まさに家族のようでした。よく話を聞いてみると、前橋ＦＣという中学のクラブチーム時代からのお付き合いだとい

第95回大会 →p50参照

佐野日大
佐野日本大学高等学校。栃木県佐野市。選手権出場８回。

うことも分かったんです。そうか、これはもう1人のお母さんじゃなくて『みんなのオカン』だな。だから『前育のオカン』として紹介すれば、応援席の魅力が伝わるかもしれない」と考えたそうです。

梶原アナは、応援席の横断幕に書かれた「強く、激しく、美しく」という言葉をさらっとリポートに織り込んだ上で、最後にこう締めたのです。

「前橋、行くえーっ！」

お母さんたちに「育英と〝行くえー〟をかけて頂点に向かいませんか」と聞いてみると、ノリノリで快諾してくれたそうです。「かかあ天下」から「天下」取り、そして「悲願の日本一へ行くえーっ！」という流れ。なるほど、ベテランはいろいろと考えているなあと思わずうなったリポートでした。放送席にいた解説の元日本代表の都並敏史さんも満面の笑みで、「今のリポートは面白かったですねぇー」と〝放送中もCM中も〟感心されていました。解説者の表情まで明るくするリポート力は、まさに流石の一言でした。

続いては、「こんな手があったのか！」と、多くのアナウンサーが悔しがった応援席リポートをご紹介します。

都並敏史
1961年8月14日東京都出身。読売サッカークラブ／ヴェルディ川崎→アビスパ福岡→ベルマーレ平塚を経て、1998年に引退。ベガルタ仙台、セレッソ大阪、横浜FCなどの監督を務め、2019年からブリオベッカ浦安の監督。

地元局アナの証言　岡崎和久アナ（札幌テレビ）

まさかのお母さんフォーメーション

あれは第94回大会、星稜vs東福岡の準決勝でした。星稜サイドの応援席リポーターは西日本放送、岸たけしアナ。この時すでに高校サッカーに携わって20年。ベテランはどんな応援席リポートを見せるべきか、高校サッカー人生を懸けたリポートでもあったそうです。岸アナに話を聞くと、「ひたむきな選手たち、労をいとわぬ指導者、さらに一番のサポーターである家族。応援席ではそれぞれが必死に応援しています。その中でも息子への愛情を応援に表す母親の姿を伝えられないかと考えました。お母さんだって息子と一緒に戦っているのです。それならば、子どもと同じポジションに並んでもらって、共に闘っているその思いを表現したらどうかと考えたのです。私自身も、誰もやったことのない応援席リポートをしたいと思っていた。これは高校サッカーに携わって20年の夢だった」と、岸アナの熱い思いが、ひしひしと伝わってきました。

「実際には、星稜高校担当である地元テレビ金沢の越崎成人アナの協力を得ながら、スタメン選手のお母さんにフォーメーション通りに並んでもらいました。もちろん、皆さんの顔がテレビに映ることにストレスなどはないか配慮することも忘れません。また、誰がスタメンになってもいいように登録選手25人分の名前ボードを地方局アナチームで

第94回大会
2015年12月30日から2016年1月11日に開催。優勝は東福岡（福岡）。

岸たけし
西日本放送アナウンサー。1995年入社。「RNC news every.」などを担当。

越崎成人
テレビ金沢アナウンサー。2013年入社。「となりのテレ金ちゃん」などに出演。

協力して作成し、埼玉スタジアムに持ち込みました。さらに名字ではなく『お母さんの名前』で伝えた方が、視聴者に伝わると即座に判断しましたが、両センターバックのお母さんは、まさかの『2人のまゆみ』でした」

リポートの「尺」と呼ばれる持ち時間は50秒以内。全国ネットの生放送で、リズム良く伝えていました。岸アナは一世一代、高校サッカー人生20年の想いを込めたのです。また制作陣の粋な計らいで、「お母さんフォーメーションのコンピューターグラフィック」も作成。まさに誰もしたことのない特別なリポートとなりました。

このリポートは地元に凱旋した選手が出演した高校サッカー特別番組でも放送され、選手たちもドッと沸きながら笑顔でテレビ画面を見ていたそうです。いいリポートをしたいと狙ってばかりいては、試合を見ている人の心を動かすことはできません。選手たち、そして応援席の皆さんを「輝かせたい」という熱量があってこそ、素敵なリポートが生まれるのだと思います。

メインを支えるサブアナ

高校サッカー中継にはメイン実況アナウンサーを支えるサブアナウンサーというポジションがあります。サブと名前が付いているのでそれほど大切ではないのかと思われるかもしれませんが、実はとても大切な役割を持っています。

実況アナウンサーの経験が浅い場合はベテランがサブアナに入りますし、ベテランがメインアナの場合は、若手をサブアナに起用して「勉強させる」ことも多くあります。サブアナを経験しなければメインにはなれないと言われるほど重要な仕事なのです。ここでは福岡アナウンサーに、サブアナのエピソードを伝えてもらいます。

地元局アナの証言　福岡竜馬アナ（福岡放送）

たった一言のための地道な確認作業

「今日の実況資料は、もう使わないから捨てておいてくれる」

そんなかっこいいことをいうベテラン実況者がいます。もちろん何十年も先輩のアナウンサーが作った渾身の実況資料を若手アナウンサーが捨ててしまうわけがありません。捨てていいということは、自分の物にしていいよ、自分が実況する時に参考にしてくれという意味なのです。

高校サッカー選手権の中継ではほとんどの場合、実況者の横にサブアナが座ります。サポートという役割なので、アナウンサーであっても決して放送に声が乗ることはありません。もちろん急にメイン実況者が体調を崩すなどして、サブアナが急遽代わりを務めるケースもありますが、基本的にはサポートに徹します。

私が初めてサブアナの仕事をすることになった時、先輩からこう説明を受けました。

「サブアナというのは、実況者の2つの目を4つにすることが仕事だ。ヘッドセットを付けた実況者はどうしても視野が狭くなる。実況者が見えていない物をサブアナが気づいて実況者に知らせる、伝えるんだ。例えば、ピッチ上のプレーを描写している実況者にはベンチ周りが見えない。そういう時にこそ目を配って、実況者を助けるのがサブアナなんだ」と。

実況者がベテランで若手がサブアナというコンビで私も若手の頃、勉強させてもらいましたが、試合中も試合前も、目を皿のようにして実況者の動きを見ていました。試合会場に到着してからの振る舞いや、試合開始前に解説者とどんな話をするのか、実況資料の作り方から、どこに何を書き込んでいるのかなど。生きる教材のようなベテランアナウンサーの一挙手一投足を見逃すことがないように集中していました。サポートするはずのサブアナですが、実は「最高の研修」を受けているのです。

その一方、試合前のサブアナにはとても重要な仕事があります。それは、「実況者が手に負えない調べ物をすること」です。

例えばこんな調べ物がありました。

第92回大会。この年は旧国立競技場の使用がラストという年で「国立最蹴章」というテーマで大いに盛り上がった年でした。私がサブアナの指名を受けたのは、その年の

第92回大会
2013年12月30日～2014年1月13日に開催。優勝は富山第一（富山）。

準々決勝・富山第一vs日章学園の試合でした。つまり「勝てば最後の国立のピッチに立てる」という試合です。

この年の富山第一は監督が大塚一朗監督。そして、キャプテンが息子の大塚翔という「親子鷹」で、接戦を物にしながら勝ち上がってきていました。

その試合前日の打ち合わせで、こんな疑問が持ち上がったのです。

「果たしてこれまでの歴史の中で、親子鷹で国立に行ったことはあったのかなあ」

つまり、仮に富山第一が勝利した場合、実況アナウンサーは「親子鷹で史上初の国立が決まりました」と言えるのかどうかです。

もちろん実況者は翌日の実況に備えて準備に入り、そんな調べ物をする時間などあるはずがありません。こんな時に動くのがサブアナをはじめとしたサポートアナウンサーたちなのです。

調べ方はいたってシンプルです。「高校サッカー年鑑」をすべて引っ張り出し、準決勝、決勝のメンバーを全部洗い出す。そして、監督と同じ名字の選手がいるかどうかを検証するのです。この作業を2人がかりで始めたのが、確か、午後7時頃だったと記憶しています。

国立競技場が使用されるようになったのは1976年度の首都圏開催以降ですから、そこから各年の準決勝、決勝の出場メンバーをピックアップします。1976年から2012年までの37年分を洗い出すのです。

「うん。よしよし。監督と同じ名字の選手はいないいな」

富山第一
富山第一高等学校。富山県富山市。選手権出場31回。優勝1回（第92回）。主なOBは柳沢敦、馬場雄大（バスケットボール）。第100回大会に富山県代表として選手権出場。

日章学園
日章学園高等学校。宮崎県宮崎市。選手権出場15回。

大塚翔
1995年7月25日富山県出身。富山第一。第91回、第92回に出場。第92回では優勝。卒業後は関西学院大学→FC琉球→イプスウィッチ・ナイツFC（オーストラリア）を経て、関東サッカーリーグ1部の東京ユナイテッドFCに所属。

順調に確認作業は進んでいきました。その一方で別の試合を担当するアナウンサーたちはそれぞれの過ごし方をしています。ある者は自室に戻り、ある者は食事に向かいます。通称「白鳥の間」で仲間のアナウンサーとサッカー談義を始める者もいました。

その一方で我々は、カップ焼きそばをすすりながら少し色あせた高校サッカー年鑑を手繰りながら、地道に確認作業を続けています。

「親子鷹として初の国立決定！」の一言のために。

2時間ほど経過した頃だったでしょうか。

「あっ！　福岡さん。この試合、監督と同じ名字の選手がいます」

「えっ！　確かに。監督の名字とこのディフェンダーは同じ名字だ」

「待ってください。同じ名字だけど親子でないケースも、もちろんありますよね」

そうと分かった時間から、その高校の関係者に電話で連絡を試みます。その同姓の監督と選手は、果たして「親子」なのかを調べるためだけに。その高校がある県から来ているアナウンサー、ディレクターに連絡をし、高校関係者に直接電話して確認をしていきます。

「お正月に本当に申し訳ありません。あの、突然で恐縮なのですが、第○○大会の国立競技場での試合で、監督と、出場していた選手が同じ名字だったのですが、この2人は親子ですか？」

電話に出てくれた高校の方はポカンとしている。現状を理解していただけていない。

「そうですよね。訳分かりませんよね、すみません。実は明日の高校サッカー準々決勝で富山第一という高校が試合をするのですが、その監督と選手が親子で、過去に同様のケースがあったのかを調べているんです」

結論から言うと、その同姓の監督と選手が親子かどうかは判明しませんでした。

そりゃそうです。何十年も前の大会の「同姓の2人が親子かどうか」なんて、1月4日という、まだ正月休みの、夜もふけたタイミングで分かるはずもありません。

そこで、我々はこんな結論を導きました。

「富山第一が勝てば、監督とキャプテンとしての親子鷹で初の国立」

なぜなら数十年前の監督と同姓のディフェンスの選手はキャプテンではなかったので。少なくとも、これは言えるだろうと。その前に、ここまでが我々の調べられる限界だったと記憶しています。この情報を、もう寝ているであろう実況アナウンサーにメールしたのは、とっくに日をまたいだ深夜でした。

結局この年は富山第一が富山勢初の決勝進出、さらに日本一へと上り詰めました。

もちろん中継でもスポーツ紙でも「親子鷹で日本一」は大きく取り上げられました。

我々としても、調べた時間が報われたという想いもあったように思います。ただ1つだけ言えるのは、たった一言を言えるか言えないかのために、お正月に「超地味な作業」をしているサブアナという人たちがいるということです。

第100回大会もサブアナは実況者の横で、確実にこなし続けているはずです。

「親子鷹で初の国立」実況をCHECK!

富山第一の優勝シーンをCHECK!

高校サッカー 実況ハプニング集

高校サッカーの実況で起きたハプニングを、福岡放送の福岡竜馬アナと鹿児島読売テレビの岡本善久元アナが紹介してくれました。

最後には、私も経験したことのない「とんでもない勘違い」を伝えてもらいます。

ただ、もし私がこの状況に陥ったとしても、同じように勘違いをしたはずです。

負の連鎖 (福岡竜馬アナ)

高校サッカー選手権では、初めてお目にかかるアナウンサーとも仕事をする機会が多い。

ある時、私「福岡」竜馬が実況で、応援席リポーターを「小熊(おぐま)」美香アナウンサーが担当するという試合があった。実は小熊アナとは前日に一緒に高校に取材に行っていて、選手たちに話も聞いたし、その行き帰りはいろいろな話をした。すでに打ち解けたとも思っていた。翌日の試合中継も開始直後からなんの問題もなく進んでいた。しかし、ある時、応援席の小熊アナから、こんな呼びかけでリポートが入って来た。

「福島さん!! ○○高校応援席ですが…」

惜しいんです。私は福島じゃなく福岡。県で言えば東北じゃなく、九州の方…。

この時、自分の名前を訂正すべきか瞬時に考えた。ただ、今回だけ福島さんと呼びかけてしまったのかもしれないし、もしかすると小熊アナはもう一度福島さんと呼ぶかもしれない。でも、実況アナの名前が間違っていても放送にはそれほど影響はないし…。

どうするべきか、どうするべきか。おそらく数秒だろうが、何度も何度も自問自答した。

その結果私は、しばらく「福島さん」になることを選んだ。つまり訂正はしなかったのだ。

しかし、この問題はこの後、さらに複雑化してしまう。試合が後半に入った頃だろうか。今度は、私がやってしまった。

「応援席の、おぐらさん!」

天に誓う、仕返しではない。私は声を発した瞬間思った、「やっちまった」と。

ごめん小熊さん、あなたが小熊さんであることは分かっている。今回は僕の「滑舌」が悪かったんだ。許してくれ。そう、心の中で叫んでいた。

しかし、応援席からは迷いなく、こんな言葉が返ってきた。

「はい!! 応援席は小熊です!! ○○高校応援席は…」

見事です。瞬時に訂正してくれた。何事も無かったように。

どちらが正解かはいまだに分からないが、おそらく私の考えすぎだったのだろう。

まさか…（福岡竜馬アナ）

アナウンサーといっても、本当にいろいろな個性がある。中でも、ひときわコメントに個性を感じさせてくれたのは、全国トップクラスの個性派、福島中央テレビの須賀宣之元アナウンサー。我々の中では親しみを込めて「須賀ちゃん」と呼んでいる。その須賀ちゃんが実況を担当した試合での出来事をお伝えしたい。

東福岡には「三郎丸」という選手がいた。そこで須賀ちゃんは、こう切り出した。

「東福岡の三郎丸は、福岡市の次郎丸出身。つまり足すと五郎丸。五郎丸と言いますと、まもなくラグビーのW杯が行われますが…」

愛すべき、強引な話題転換である。どうしてもラグビーW杯の話題をしたかったんだろう。まさか「足す」とは。ただ、このアナウンサーの実況伝説はこれにとどまらない。

東福岡vs駒澤大高という準々決勝の実況で、再び伝説が生まれた。

東福岡が「赤い彗星」というキャッチフレーズで形容されるのは、ご存じのとおりだ。赤いユニフォームの東福岡特有の「低くて速いパス」がまるで「彗星」のようだというところから来ているという。ほぼすべてのアナウンサーがこの「赤い彗星・東福岡」というキャッチフレーズで試合の実況を進めていく。

ただこの試合では須賀ちゃんに運が無かった。東福岡はこの日、サブの白いユニフォームを着ていたのだ。しかし須賀ちゃんは、こう切り出した。

「白いユニフォームの赤い彗星、東福岡！ 一方、赤いユニフォームの駒澤大高！」

もうどちらが白なのか赤なのか、全く分からない。

白いユニフォームの赤い彗星。この時点ですでに苦しい。説明するほど、須賀ちゃんは深い沼へとはまっていった。

現在は、福島中央テレビ会津支社長をしているという須賀ちゃん。伝説になるほど愛される人は、どの世界でも強い。

魂の叫び（福岡竜馬アナ）

「ゴーーーール!! 決めたのは、○○!!」

我々実況者にとっても、興奮のクライマックスは得点シーンだ。ゴールネットが揺れ、興奮の渦と化すのは試合中にわずか数回。ゴールシーンは我々アナウンサーの「見せ場」と表現しても過言ではない。そんな大切な場面での話を聞いてほしい。

得点が決まると「得点者の名前」を実況するのは当然のお約束。そのため、我々にとってシュータ一探しは「絶対に見逃せない戦い」なのだ。サブアナと共に極限まで集中してプレーを見つめ、シューターを言い当てる。何が何でも絶対に絶対に言い当てる。これはマストの作業なのだ。そんな中でも信じられない事態は起きる。

１９９９年度、第78回大会の多々良学園vs大船渡。実況は山口放送の竹重雅則アナウンサーだった。「伏線」はいくつかあった。直前に生まれた得点の時に、シューターを一瞬、間違って実況してしまった。そのため次は正確を期すため「ゴールを決めて喜んでいる選手」が画面に映し出されてから選手の名前を伝えようと「保険」をかけていたのだ。試合は両チーム１点を争う白熱の展開だった。

その瞬間はロングスローから生まれた。投げ込まれたボールは守備陣に跳ね返されたが、そのボールを拾い、トラップした「彼」はGKの頭上を越す見事なループを決めたのだ。竹重アナは「シューターは分かっていた…」と振り返っている。ただシューターの言い間違いはもう許されない。そのプレッシャーから即座に名前を言うことをためらった。

竹重アナは、ゴールを決めて喜ぶ「彼」が画面に映し出されるのを待った。

しかし、喜んでいるはずの「彼」がなかなか映し出されない。

「なぜなんだ」

モニターからピッチに目を戻す。するとそこには驚きの光景が広がっていた。ゴールを決めた「彼」はそのままピッチに倒れ込み、歓喜に沸いた仲間の選手たちが次から次に、覆い被さってくるではないか。

「お、お願いだからどいてくれ!!」

「得点を決めた彼を俺に見せてくれ!!」

幾重にも重なった選手たちの中から得点を決めた「彼」を特定することはすでに不可能だ。

竹重アナは追い込まれた。万事休すとも言える。そこで生まれた魂の叫びが、これだ。

「ゴーーール!! 打ったのは誰だ。打ったのは誰だ。左サイド45度。お前はいったい、誰だーーーー!!」

忘れられない大晦日。これを超える実況は未だに生まれていない。

竹重アナの〝魂の叫び〟をCHECK!

ゴール決めたの誰っ!?（岡本善久元アナ）

竹重アナの魂の叫びは、多くの中継アナウンサーも経験している。

大切な高校サッカー中継の見せ場の1つであるゴールシーンだからこそ、慎重になるのは当然だ。

私の実況中にも、ゴールシーンが訪れた。

「ゴーーール!」と声を張り上げる。

しかし、私は肝心のシュートを打った選手を見逃してしまった。

「これは、まずい」

そこで私は一か八かの勝負に出た。

実況中にも関わらず、マイクのカフ（スイッチ）をオフにして、
隣に座っていた先輩のサブアナウンサーにとんでもない質問をしたのだ。

「今シュート打ったの、誰ですかっ!」

後から聞いたが、私の目は血走っていたそうだ。

ゴールと叫んでしまったので、すぐに選手名を言わなければならない。

1秒も待てないぎりぎりの状況で私は、すがるように聞いた。

心の中では、こう叫んでいた。

「サブアナとメインは一蓮托生。得点者は10番ですか、9番ですか、7番ですか」

「頼れるのはあなたしかいないんです!」

しかしその直後、放送席は絶望に包まれる。頼れる先輩も、シューターを見逃していた。

声を出せないサブアナは無言で首を横に振り「分からない」の合図をした。

ピッチ上の歓喜と、放送席の氷結。

サブアナと私は数秒間、見つめ合った。

それは数秒だったのかもしれないが、私にとっては永遠にも感じる数秒だった。

あの時、体中から吹き出した大量の冷や汗。後輩たちよ、こんな経験は僕だけでいい。

ゴール前では「まばたき」すら気をつけてくれ。

メインとサブアナが共にシューターを見逃す悲劇は、今も脈々と語り継がれている。

言い間違い（福岡竜馬アナ）

この言葉について改めて説明すると「そんなことを言うつもりは無かった」という意味だ。

また「そんなことを言ったつもりはない」という場合もあり、本人でさえ気づかないことがある。アナウンサーにとって、もちろん言い間違いなんてゼロにしたい。

でも何故か起きてしまうのが言い間違いなのだ。

第98回大会の準々決勝は好カードだった。

前年王者の青森山田に挑むのは、優勝候補の一角、埼玉代表の昌平。

実況はテレビ岩手の渡邊雄介アナウンサーだった。勝てば全国のベスト4という試合であり、アナウンサーにとっても大舞台である。実況担当の渡邊アナは必死に戦った。80分間、闘う高校生の美しい姿を伝え続けた。そこに誰も異論を挟まない。

サッカー実況は22人の選手たちの動きを頭に入れながら言葉を紡ぎ出すため、常に頭はフル回転。脳内の糖分は容赦なく奪われ続ける。試合が終わると我々アナウンサーも疲労困憊で動けなくなるほどだ。渡邊アナも選手たち同様にすべてを出し切り、空腹すら感じていたのかもしれない。試合は結局、青森山田が勝利を収めた。

「ピピーーーッ!!」

審判が試合の終了を告げる笛を吹く。

渡邊アナは最後の力を振り絞り、試合終了の瞬間をこう締めくくった。

「ここで試合終了のホイッスル!! 勝ったのはディフェンディングちゃんぽん!! 青森山田高校」

誰もが耳を疑った。いや、聞き間違いではない。確かにちゃんぽんと言っている。

その後、「ディフェンディングちゃんぽん」というパワーワードは検索ワード4位にランクインした。

そういえば、福岡のテレビ局でボクシングを担当するアナウンサーも同じ穴に落ちていた。

「右フックぅーー!! タイのちゃんぽん!!」

締めのちゃんぽんには、十分な注意が必要だ。

君はダメだ

（岡本善久元アナ）


入社3年目、私は初めて全国大会1回戦の実況を担当することになった。張り切って臨んだからか、丁寧に実況しようとしたからか、ちょっとした勘違いが、大きな悲劇を生んだ。

スポーツ中継は、分かりやすい放送にするため、選手名に「くん」や「さん」を付けずに紹介することが多い。しかし、私は全国大会の緊張からか、

「鹿児島実業の中心選手は10番の〇〇くんです」と実況していた。

隣にいたサブアナウンサーがこそこそと動き出す。

私の視界の端っこで、サブアナが何かを書いている姿を捉えていた。

「なんだろう」

私は、選手名を間違えてしまったのかと思い、不安になっていた。

誰を間違えているのか、間違えているなら訂正したい。

ああ、全国大会の緊張に負けてしまっている、このままではまずい。

実況をしながらそんなことを考えていた。

するとその時、私の目の前にすーっと手書きのメモが出てきた。

そこには驚きの一言が、書かれていた。

「君はダメ」

えっ？ 私は動揺した。おれはダメな人間なのか。

仮にそうだとしても、実況中に伝えなくてもいいだろう。

完全なる私の勘違いだった。

放送中、選手を「くん付け」で実況した私にサブアナの先輩が指示を出してくれた。それが「君はダメ」。先輩は「くん付けはダメ」という意味でカンペを出したのだが、私はそのカンペを「きみはダメ」と読んで疑わなかった。

放送中も、勘違いだと分かった後も、深く落ち込んだことは言うまでもない。

第5章

舞台は国立、埼スタへ

1月3日でさようなら

さて、全国各地からエース級のアナウンサーが東京に集って放送される全国大会ですが、いつまでもエースを東京に派遣できるほど各局には余裕はありません。実は、地元代表校が敗れてしまったアナウンサーは3回戦が終了する1月3日をもって、地元局に戻らなければなりません。後ほど詳しく紹介しますが、残れるのは3回戦以降を実況する「メイングループアナウンサー」と地元代表校が勝ち残っている局のアナウンサーだけです。そのため1月3日の夜は送別会となるのです。

どんな思いで1月3日を迎えるのか、ＫＢＳ京都の梶原誠アナウンサーに伝えてもらいます。

地元局アナの証言　梶原誠アナ（ＫＢＳ京都）

中継スタッフが大合唱する応援歌

各都道府県から集まったアナウンサー、ディレクターおよそ１３０人は12月30日から1月３日まで、各会場の試合の中継に関わります。地元校が勝ち続ければ、そのまま地元校のベンチリポートや応援席リポートができるので、みんな地元校が勝ち続けることを願っていますし、その先の優勝を夢見ています。しかし、地元のチームが、いつも勝てるとは限りません。私の地元、京都代表は7年連続初戦敗退したことがありました。やはり「1月3日でさようなら」が何年も続くと寂しいもので、またスタッフの中での自分の存在感が薄らいでいくようにも感じてしまいます。地元校が敗れても「何かツメ痕を残さなくては」という思いに駆られるのです。

毎年1月3日の夜は「中締めの会」が開かれます。東京に残る者、地元に帰る者が入り混じり食事やゲームで交流を楽しみますが、この全員が集まる最後の時間に何かできないかと何年も考え続けました。その結果、私のように中継で不完全燃焼だったアナウンサーや地元校が初戦で敗退し「余力」がある仲間が集まって、漫才やリズム芸などをするようになったのです。この催しは盛り上がりました。しかし、もっと一体感を出すことはできないか。「チーム高校サッカー」を強くするために何か役に立てないか。その思いから生まれたのが、ある歌でした。

「俺たちは」ではじまる高校サッカーでおなじみの応援歌、ユニコーンの「I,m a loser」。この歌は試合に出られないサッカー部員が応援席でピッチに立つ選手に向かって全力で歌うものですが、これを中継に携わる「スタッフバージョン」で作成したのです。今では輪になり、肩を組んで歌うことが恒例となってきました。

大会は準決勝、決勝と進むにつれ全国中継にもなり、スタッフとして携わるアナウンサー、ディレクターの重圧も増していきます。そんな大役を務める仲間を最後まで応援するという思いを込めて歌う、高校サッカー中継スタッフの応援歌。

♪俺たちは、民間放送43社　伝えたい、この想い　愛してるぜ　選手権！


さて、1月3日以降はメイングループのアナウンサーが実況を担当します。地元に帰らなければならない仲間の思いも背負って中継に臨むのです。

このメイングループに入るには、実況力はもちろんのこと、後輩の指導育成を行えるなど、実況チーム全体を見渡せる人間力も必要です。ここからは福岡アナと岡崎アナにメイングループとは何か、メイングループに入る意味について伝えてもらいます。

地元局アナの証言　岡崎和久アナ（札幌テレビ）

メイングループに入りたい

系列各局のアナウンサーが抱く、「メイングループに入りたいという決意と覚悟」。この想いを抱くことになったきっかけをお伝えします。

初めて全国大会のアナウンサーとして派遣される1年前の第83回大会。私は、3回戦

中継スタッフの応援歌をCHECK!

の北海道代表の北海と鹿児島実の試合を札幌で見ていました。北海は惜しくも鹿児島実に敗れましたが、その放送終了間際の藤井貴彦アナウンサーのコメントに魂が揺さぶられました。

「実はちょうど１週間前、静岡で合宿をしていた北海高校の選手たちを取材する機会に恵まれました。練習後、選手たちの部屋に向かい次から次と話を聞いているとテーブルの上に選手たちが用意してくれていたグラス１杯の水があったことに気がつきました。その水はもちろん普通の水ですが、丁寧に置かれたグラスには高校生にとって精一杯のもてなしの気持ちが詰まっていました。社会人になっても背番号10を付けてほしい。これは北海高校、島谷（制勝）監督の言葉ですが、これからもその北海魂を胸に次の舞台に歩みを進めてください。心から期待しています。素晴らしい試合を見せてもらいました。北海高校本当にありがとうございました。鹿児島実業準々決勝進出です」

私はこのコメントに、胸が震えるほど感動しました。高校生が「１杯の水」で誰かをもてなす。他に何もできないけど、思いだけは伝えたいという気遣いに、まず敬服しました。

それと共に、その価値をしっかりと受け止め表現した藤井アナウンサーに感動を覚えたのです。取材者として、そして表現者として大切な姿勢が感じられたこのコメントに、私は憧れを感じたのです。

あれから15年以上経ちましたが、偶然なのか必然なのか、北海の島谷監督から携帯メールが送られてきました。

第83回大会 →p72参照

北海
北海高等学校。北海道札幌市。選手権出場10回。主なOBは山瀬功治。第１００回大会に北海道代表として選手権出場。

「あの藤井さんの言葉が今でも励みになっているんだよね。選手たちには、何気ない普段の行動から人に喜ばれる人間に成長してほしい。『よい選手である前によい人間であれ』を指導哲学にまだまだ頑張るよ」

言葉の力は偉大なのです。

メイングループに入ること自体が目的ではありませんが、入ることができれば、多くのアナウンサーたちから刺激を受け、自らも成長することができます。

そこで得た技術や心構えを駆使して全国大会の実況に臨めば、地元校の活躍のみならず、愛着ある地元を全国に発信することもできます。これが地域貢献へと繋がれば、地方局アナウンサーとしての役割を果たすこともできるのです。

第100回大会もメイングループのアナウンサーが、全国のアナウンサーの代表としてマイクに向かっていることを、頭の片隅に止めていただけるとうれしいです。

藤井アナのコメントをCHECK!

地元局アナの証言　福岡竜馬アナ（福岡放送）

高校サッカーでの苦しみは、アナウンサー人生の最高の喜び

「旅行代理店のような仕事をしてますね」

これは、弊社の若手ディレクターに言われた一言です。メイングループと呼ばれるアナウンサーがいるのは前述の通りで、私も目標にしていましたし、1月3日以降も大会に携わることができたのは最高の喜びでした。その一方で、多く試合を実況するということはそれだけ多くの高校を取材する必要があるということです。ここではそのメイングループが、どのような取材をしているかについてお伝えします。

例えば、あるアナウンサーが3回戦を担当するとします。どのチームが勝ち上がってくるか分かりませんので、どのチームにも話を聞いておきたいですよね。トーナメント表をみると、勝ち上がってくる可能性があるのは6校であることが分かります。準々決勝を担当するアナウンサーは12校の取材が必要です。こう見ていくと、準決勝は24校、そして決勝戦の担当は当然どの高校が決勝まで上がってくるか分かりませんから全48校をカバーすることになります。

私が準決勝を担当したのは第96回大会でしたが、その時のスケジュール帳が今でも残っています。代表校の「校舎」に足を運ぶなど実際に取材した高校の数は15校。本当は可能性のある24校すべてを取材したいのですが、組み合わせが決まるのが、11月下旬の抽選会です。そこから12月30日の開会式までは約1カ月しかありません。もちろん自局のレギュラー番組やロケをこなしながらの取材となります。
いかに効率よく、各校に足を運ぶか。ここに我々は頭を悩ませるのです。

12月4日　福岡から仙台空港へ飛び、そのまま福島・郡山入り
12月5日　尚志の取材、郡山泊
12月6日　郡山から新幹線で富山へ、午後に富山第一を取材。富山泊
12月7日　富山から石川へ、星稜取材。石川から群馬へ、前橋泊
12月8日　前橋育英を取材、前橋泊
12月9日　群馬から羽田空港へ、そこから福岡へ

若手ディレクターが「旅行代理店みたいな仕事」というのは、この調整をしている私を見て言ったのだと思います。
自分の実況する可能性のある高校をすべて挙げ、その中から実力上位を自ら予想する。そして、その高校の場所を日本地図上で確認し、その移動ルートを探ります。飛行機なのか、新幹線なのか、在来線なのか、はたまたバスなのか。さらには、そのタイミングで学校を訪れた時、サッカー部は合宿に出ていないかなどなど、宿泊するホテルの予約のことも考えなければなりません。

第96回大会　→p56参照

もちろん、事前にその高校の下調べをしてから取材に訪れなければなりません。各校の県大会決勝のVTRを見て、チームを分析し、選手の特徴を書き起こす。時間がない場合は移動中にポータブルDVDプレーヤーで映像を見ることもありました。新幹線や特急列車も電源を取れる座席を予約することが大切です。

妻からは「パパは1カ月半、ほとんど家にいなかった。私も大変だった」と、今でも言われます。家族に対する本当に申し訳ない想い。さあ福岡へ帰ろうと、羽田空港に到着した時に「妻へのお土産」を忘れていたことをハッと思い出し、急いで何かを買って帰ったような気がします。

ある先輩アナウンサーから当時、こんなメッセージをもらったことがあります。

「料理を作るには時間がかかる。でも食べるのは一瞬。高校サッカーでの苦しみは、アナウンサー人生の最高の喜び。まさにそのど真ん中にいるんだよ、頑張れ」と。

第100回大会にも、もちろん数人のメイングループアナウンサーが選出されます。師走の飛行機や新幹線で、必死にサッカーの映像を見ている人がいたら、それは私たちかもしれません。昨年は新型コロナウイルスの影響を受け、ほとんどがリモートでの取材でしたが、再び、高校生の情熱に触れる取材ができるようにと願っています。

さてここで、地元代表校は勝ち残っているのにアナウンサーだけ先に地元に戻った珍しいケースをご紹介します。しかし地元に戻った理由が想像をはるかに超えていて、実況アナウンサーの間ではレジェンドエピソードとして語り継がれています。監督・選手たちと地元局アナウンサーの強い絆があったからこそ生まれた素敵なエピソード。このお話には最高のハッピーエンドが待っています。広島テレビの森拓磨アナウンサーの寄稿です。

地元局アナの証言　森拓磨アナ（広島テレビ）

結婚式を入れてしまったのですけど

第87回大会は広島にとって特別な大会だ。広島皆実が初優勝し、これは県勢では第46回大会以来41年ぶり、国立競技場が主会場になってからは初めての快挙だった。広島勢を担当して7年目の私も、初戦からチームに同行し、共に勝利の喜びを分かち合い、延泊手続きを取っていた。が、しかし。準決勝の直前、私はチームを離れた。なぜ一度広島に帰ったのか。

準決勝の日が、「自分の結婚式」と同日だったのである。

ちょっと待って、ここで本を閉じないでほしい。本稿をすっとばしていかないでほしい。高校サッカーにすべてを捧げる挿話集的な本書において、「なんじゃそりゃ」と興

広島テレビ
広島テレビ放送株式会社。略称はHTV。本社は広島県広島市。

森拓磨

広島テレビアナウンサー。2002年入社。「テレビ派」などに出演するほか、スポーツ実況も担当。

第87回大会　→p34参照

ざめするような内容ではある。実際に今でも「自分の都合を優先させたヒドイヤツ」と言われることだってある。だが、本稿ではそうなった理由とか事情をいちいち説明するような、そんなダサいことはしない。そもそも、そんな話に心は動かない。

これは大ピンチの地元局アナ、私を救ってくれた「高校サッカー」の話である。

広島皆実・藤井潔監督とは、藤井監督がコーチ、私がベンチリポーターという立場の頃に出会った。お互い志気盛んな20代で年も近く、２人とも口内炎に悩まされるという共通項から意気投合し、公私共にいろんな話をした。その中で結婚の話もしていたし、家庭を持つ先輩として「家族とは」というテーマでありがたい助言をもらったこともある。これが「まぁ確かに！」とひざを打つ内容で、もし別稿をいただけるのならまた書きたいほどだ。当然、結婚式と準決勝が重なった事情も藤井監督には話していた。

1月５日準々決勝の後、各社の取材を終えた藤井監督と２人でいる時、「選手たちにもきちんと言いたかったですね」というようなお願いをした。

「じゃあ、飯の前に話そうか」

私は藤井監督の言葉に甘え、広島に帰る荷物を手にチームの宿舎へと向かった。ベスト４進出を決め、その時点で広島皆実としての新たな歴史の扉を開いた選手たちはいい顔をしていた。達成感に加え、次の試合まで中４日ある少しの安堵も滲むようなリラックスした表情だった。

実は、大会前最後の練習後などの折々において、「じゃ森さんから」と藤井監督に水を向けられ、選手たちに話をする機会はそれまでもあった。多くの地元担当アナがそう

広島皆実　→p35参照

第46回大会
1968年1月3日から1月7日に開催。山陽（広島）と洛北（京都）の両校優勝。

であるように、3年生は入学後からずっと、長い選手は少年サッカー大会で小学生から取材をさせてもらっている。地元局アナと選手は、もはや一緒に戦ってきた戦友みたいなものだった。特に10歳ほどしか年齢が変わらなかったこの頃は、次に買う自転車の話や、できたばかりの彼女の話なども聞いていた。

準決勝に向け目を輝かせるそんな戦友たちを前にして、私はここまで連れてきてくれた感謝、選手たちがつくった歴史のすごさ、ここでチームを離れる申し訳なさなど、正直な気持ちを話していった。

「なら、俺たち勝つから、森さん決勝戻ってきてよ」

選手たちから返ってきたその約束を胸に熱く刻み、私は藤井監督と食事会場を後にした。広島行きの最終新幹線まで1時間弱。お互いの祝いということで藤井監督のお誘いをいただき、2人で駅前のバーに入った。その日の試合のことや準決勝のこと、ここまで勝ち上がってきた4試合のことなど、短い時間で話すことは多すぎた。

19時59分発の新幹線まであと30分、20分。時は進むが全く話は終わらない。残り15分。おかわりのビールを頼んだ。5分で飲んでダッシュすれば楽勝で間に合う、駅は目の前だ。さぁあと10分。ちょうどビールも空になったところだった。

「俺なら、大丈夫よ」

藤井監督のその言葉で、試合開始のホイッスルは吹かれた。

今日広島に帰るのは、やめだ。私は監督の一言で腹を決めた。せっかくの好意なのだ。そこからはもう時間を気にしなくていい。チームや今大会の話だけではなく、藤井監督の現役から指導者となってからここまでのこと。関わってきた恩師やライバル、現在の広島の高校サッカー界についてのこと。私は貴重な話に耳を傾け続けた。気づけば一夜を明かし、十数時間ぶりに駅に戻ってくると、新幹線自由席に体を沈ませ、私は広島に戻った。

1月10日、披露宴当日は控え室の中、携帯のワンセグ放送で準決勝を見ていた。先制ゴールを見届け、1―0のまま始まった披露宴。出席の方々にご挨拶をいただいた、その後だった。

「皆実高校、決勝進出です」

司会者からそう告げられると会場がどっと沸いた。私は途中でチームを離れてしまった申し訳なさと決勝進出の安堵感から、涙を抑えられなかった。恥ずかしながらわんわんと泣いた。後日、「始まって10分で新郎に号泣されたら、いきなりクライマックスやないか」と、出席者からクレームを頂戴することとなった。

そして披露宴も終盤に入ろうとした頃、さらに素敵な出来事が待っていた。

披露宴会場のスクリーンに突如、藤井監督の顔が映し出されたのである。準決勝の会場、埼玉スタジアムにいた広島テレビスタッフの計らいで、試合を終えたばかりの藤井監督と披露宴会場を、テレビ電話で繋いでくれたのだ。

「俺たちは決勝進出を決めたから、そっちは森君がビシッと決めてよ。決勝で待っています」

勝利監督のその言葉に、万雷の拍手と決勝への激励の声が飛んだ。

1月12日成人の日。私は担当アナとして決勝戦の中継に関わることはなかった。そんな都合のいいことができるはずがなく、するべきではなかった。休みを取ってプライベートで行くつもりだったが、上司の粋な業務命令で決勝戦の取材としてくれた。始発に乗り、到着した国立競技場で、1週間ぶりに選手たちに会った。

「森さん、約束守ったよ。あ、皆実カラー」

1人が目ざとく、私の緑のネクタイに気づいた。男子3日会わざれば刮目して見よというが、7日経った彼らは、目の前の大舞台に寸分も臆することなく、笑っていた。11月の県大会からすると、「年単位」の経験を得たような成長ぶりだった。

再会した藤井監督に、握手の手を差し出す。

「ありがとうございました」

「まだ早いよ」

監督はそう言って、私の手を力強く握り返した。

決勝直前、国立のロッカールームに私はいた。中継に関わらずに迎える高校サッカーで、チームの一員と同じように、同じ空間で同じ時間を過ごさせてもらった。ホワイトボードには「6／6」の文字がある。1回戦は「1／6」と書かれており、ついに決勝の試合数「6」にたどり着いたことを意味していた。

そこにいる全員で肩を組んで円陣をつくり、

「いってこいっ」

「オーッ」

と、心を一つにする。

ある者は胸のエンブレムを握りしめ、叩き、雄叫びをあげる。ある者は数秒間、目をつぶりパァンと手を鳴らす。キャプテン松岡祐介選手はエースストライカー金島悠太選手と抱き合い、互いに背中を叩き合って気合を入れる。カメラが入らなかったその光景は、みぞおちあたりから湧き上がるような高揚感と合わせて、今も私の目に焼き付いている。

試合はベンチの後方から見た。大迫勇也選手擁する鹿児島城西とのすさまじい試合だった。3―2と広島皆実1点リードの、残り時間5分くらいだったろうか。ふと、ピッチではなく、バックスタンド最上段の聖火台が気になった。ここからの景色が終わる。決勝が終わる。このチームでの最後の試合が終わる。そのまま終われば優勝なのに、まだ終わらないでくれ、そんな寂しさが不思議と胸をつく。後から分かったことだが、その寂しさのような感情は藤井監督も感じたそうだ。試合後に国立を出て、選手権の看板などが撤収されていく時、「本当に終わったのか」という、どうにもできない感情があったという。藤井監督と共有する「決勝の寂しさ」の記憶である。

優勝を決めた後、ピッチで報道陣に囲まれる選手たちが、私を胴上げしてくれようとした。さすがにそれは固辞し、気持ちだけをたっぷりともらった。そこから先、チームは会見や取材対応で多忙を極め、ゆっくり話す暇などない。選手たちへの思いは手紙にしたため、私は急ぎ広島に帰った。

広島皆実の
決勝ゴールを
CHECK!

急いだのはこの決勝の翌日、広島テレビで優勝特番を放送するからだった。会社に戻り、ある程度できていた番組の構成に、その日の決勝の内容を加える。ユニフォームを着ることができなかったメンバー外の3年生を中心に据え、構成していった。

翌日の夕方は、東京から帰ってきたばかりのチーム全員に出演してもらい、1時間にわたっての特番生放送。広島の皆さんに、大会で優勝しただけではない、私が知りうる限りの彼らの人間力の部分をお伝えした。早朝から続く取材に、疲労の色濃い選手たちには申し訳なかったが、それは私にできる精一杯のチームへの恩返しだった。

私が準決勝を私事で離れたこの一件は決して美談にされることではない。急きょ準決勝からリポーターを担当することになった後輩の宮脇靖知アナウンサーをはじめ、たくさんの人に多大な迷惑をかけたことは事実だからだ。ただ、そんなどうしようもない担当アナを、監督が救ってくれ、10代の高校生たちが救ってくれた。彼らは入学してから日々、そして大会期間でさえも成長を続け、人間としてひと回りもふた回りも大きくなる。私たちが高校サッカーの取材にのめり込むのは、こうした人間の成長に立ち会うことができるからかもしれない。だからこそ、サッカーの技術だけではない、勝ち負けだけではない、少年が青年へと変わっていく過程も、私たちはお伝えしたいのだ。

さて、地方局アナの仕事ぶりについてここまでお伝えしてきましたが、実は地方局のアナウンサーにとって「実況の頂点は準決勝」です。決勝の中継は歴代、日本テレビのアナウンサーが担当してきました。そのため多くの地方局アナウンサーがこの準決勝の

宮脇靖知
2006年に広島テレビに入社。「テレビ派」などに出演。

実況を目指して切磋琢磨してきました。この「頂点」で何を全国に伝えられるか、試合だけではない何かを伝えたい。地方局アナウンサーはどんな思いで「頂点」に立つのか、その思いに触れます。

地元局アナの証言　岡崎和久アナ（札幌テレビ）

地方局のアナウンサー代表という重圧

高校サッカーの2試合ある準決勝のうち、1試合の実況は地方局アナウンサーの割り当てとなっており、全国の系列局アナウンサーがその1枠を目指し、日々の実況やリポート、取材に全力を尽くしています。

準決勝実況者に選ばれたアナウンサーは地方局を代表する覚悟と重圧を背負って放送席に座ります。系列局の各アナウンサーの想いが詰まったタスキを受け取ったような感覚です。私もこれまで2度経験させてもらいましたが、他の中継とは全く違った重圧を感じました。しかし、この重圧を系列のアナウンサーの仲間たちが支えてくれる安心感と信頼感があるからこそ、毎年、系列を代表して実況する準決勝担当者は、高校サッカーの魅力を本気で伝えようとする覚悟が生まれるのだと思います。

その一方で、今年の準決勝担当者はどんな視点で高校サッカーを伝えるのかという、同僚アナウンサーからの視線は強く感じます。どの準決勝担当者もプレーに集中して実況をしますが、それに加えて、どのように高校サッカーの魅力を伝えるべきかにも心を砕いています。

私自身も2回目の準決勝実況のチャンスをいただいた時に、

「高校サッカーとは何か」

「なぜこんなにも素敵なのか」

「どうやって大きな大会になったのか」

と、高校サッカーの魅力について四六時中考え続けました。

そんな中、私はある海外メディアに出会ったのです。準決勝の実況に備えた12月に全国各地で取材をしていると中国とイギリスのメディアが高校サッカーについて取材していることを知りました。私はなぜ海外メディアが高校サッカーに興味を持っているのか不思議に思い、彼らから話を聞いてみるとこんな答えが返ってきたのです。

「日本のＢｕｋａｔｓｕ（部活）は、世界的にみると非常に珍しい。クラブチームではないのになぜここまで伝統があり、選手を育成して、高校サッカーが多くの人々を熱狂させるのかを知りたかった」

大会直前に偶然出会えた海外メディアでしたが、この取材をきっかけに、「高校サッカーが世界から見られるようになったのはすごいことだ、これを全国の人にも伝えよう」という気持ちを強く持ちました。

準決勝の実況を担当するアナウンサーは、どう高校サッカーの魅力を伝えるか、大会前から、常に考え続けているのです。

準決勝実況を志したベンチコート

さてここで、もう一つ私がお伝えしたいのは、長い間この準決勝を目指してきたという思いです。ある監督さんにもらった素敵な贈り物がきっかけでした。

全国大会の高校サッカーアナウンサーとして初めて取材したのは、第85回大会、山口の多々良学園（現・高川学園）でした。チームを率いる白井三津雄監督はその前年度、山口勢として初の国立を経験している名将でした。

白井監督は、国立で聞いた地鳴りのような声援、国立で戦った指導者としての喜び、弱かった時代から支えてくれた人たちへの感謝など、当時の様々な想いを語ってくださいました。また白井監督は、初取材で緊張していた私に対して、取材後に食事にまで連れて行ってくださいました。

そこでは私に対しても、まるで選手に語りかけるように話してくれました。

「地方局のアナウンサーも国立は目指すところだよ」

さらに白井監督は、こう続けて、あるプレゼントを私にくれたのです。

「君の真っすぐに取材する姿勢や粘り強く話を聞こうという姿勢はよく伝わった。今

第85回大会
2006年12月30日から2007年1月8日に開催。優勝は盛岡商（岩手）。

多々良学園
多々良学園高等学校（現校名・高川学園高等学校）。山口県防府市。選手権出場26回。主なOBは高松大樹。高川学園は第100回大会に山口県代表として選手権出場。

日の取材は一生の思い出にも必ずなるだろうから、私が初めて国立に行った時のベンチコートをプレゼントするよ。いつか、このベンチコートを着て国立の実況席に座ってくれよ」

忘れられない初の準決勝実況は第95回大会。その舞台は国立から埼玉スタジアムに変わっていましたが、準決勝の実況席にこのベンチコートと共に向かった時は感慨深いものがありました。準決勝の実況席は、人の縁や多くのサポートがあって座らせていただくものだと強く感じました。

さて、私たちにとっても国立は聖地なのですが、その聖地で実況やリポートをする機会はなかなかありません。しかし強豪校がいる都道府県では比較的多くそのチャンスに恵まれます。静岡や福岡、長崎、鹿児島といった強豪ひしめく地域の地元局は当然チャンスが多くなります。ただ、アナウンサーも「強豪」とは限りません。

ここでは入社したばかりの新人アナウンサーが準決勝のベンチリポートを担当した時に生まれた、思わず笑ってしまう、でも本人は必死で頑張っているエピソードをお伝えします。鹿児島読売テレビの岡本善久元アナウンサーです。

岡崎アナがプレゼントされたベンチコート

第95回大会→p50参照

地元局アナの証言　岡本善久元アナ（鹿児島読売テレビ）

国立のトイレでリポートの練習

幼い頃から見ていたテレビのスポーツ中継。気がつけば私はスポーツアナウンサーを夢見るようになっていた。大学時代30社以上のテレビ局のアナウンサー就職試験に挑み、やっと手にしたアナウンサーの内定通知。鹿児島のテレビ局がチャンスをくれた。横浜で育った私に向かって親は「本当に鹿児島へ行くの？」と確認したが、即決だった。その理由はただ一つ、鹿児島には「鹿実」がある。高校サッカーのみならず野球、陸上など、全国でも鹿児島実の活躍はひときわ輝いていた。これだけでも、スポーツアナウンサーを志す私には十分すぎる理由だった。鹿児島でアナウンサーとして第一歩を踏み出した私はいつしか目標を持つようになる。

「いつか全国生放送のスポーツ中継に携わりたい」

それは思った以上に早く訪れた。入社1年目、初めて高校サッカー中継を担当した第74回大会。鹿児島実は初戦で優勝候補の帝京を破ると、破竹の勢いで準決勝まで勝ち進んだ。スポーツに魅せられて志したアナウンサーの道。夢だった全国生中継はあっけないほどすぐにチャンスが転がってきた。

ただ、いざそのチャンスを目の前にすると、国立のベンチリポーターは自分に務まる

第74回大会
1995年12月30日から1996年1月8日に開催。静岡学園（静岡）と鹿児島実（鹿児島）の両校優勝。

のかという大きな不安が襲ってきた。なにしろ私はアナウンサーになってから、1年も経過していない。基本的なスキルもあの頃は、不足していたはずだ。

通常、ベンチリポートは、取材した内容の「要点」だけまとめておき、流れに合わせてリポートする。しかし当時の私は、「失敗するわけにはいかない」との思いから、取材ノートにベンチリポート用の言葉を一言一句、書き記していたのだ。

そうなると、その原稿を声に出して練習をしたくなる。しかしアナウンサーやディレクターが打ち合わせをする場所で大声を出すわけにもいかない。そこで私は考えた。

「トイレの個室だ」

私はいそいそと国立競技場のトイレへ向かい、個室のドアを開けた。便座に腰を下ろすと、少しだけ緊張とプレッシャーから解放された。ほっと一息ついたところで取材ノートを取り出し、原稿を書いたページを開く。誰もいない空間でこっそり、リポート原稿を声に出してみた。まずは実況アナウンサーへの呼びかけだ。

「放送席、三雲さん！」

そうやって練習を始めると、なぜか返答があった。

「はい？」

私は驚いた。

なんと、三雲さんが返事をしたのだ。

「え⁉」

私が練習を始めたのは、準決勝担当の三雲茂晴アナウンサーが、トイレに足を踏み入

三雲茂晴
ミヤギテレビの元アナウンサー。1986年入社。サッカー中継の実況を数多く務めた。

れたその瞬間。そんなタイミングで私は三雲さんへの呼びかけ練習をしてしまったのだ。動揺した私はスーツの「ジャケット」をズボンの中に入れ、その上からベルトをして慌てながらトイレを出た。しかし、すでに後の祭りだった。

「国立競技場のトイレでベンチリポートの練習をしているやつがいる」

私は国立でのリポートデビュー前に、最高の笑い話を提供してしまったのだ。

さて、準決勝が終わるといよいよ決勝を残すのみとなりますが、この頃になりますと、各ポジションから複数選ばれる大会優秀選手が気になります。大会優秀選手に選ばれると「日本高校選抜チーム」として、大会後に欧州遠征に行くことができます。この日本高校選抜からは多くの選手がＪリーグに入り、海外移籍まで果たす選手もいます。ここでは、欧州遠征に帯同した岡崎アナウンサーに伝えてもらいますが、この中では海外でプレーし、日本代表でも活躍する高校時代の室屋成選手も登場します。

地元局アナの証言　岡崎和久アナ(札幌テレビ)

選手と共に体験した「非日常」

地方局アナウンサーが代表チームに帯同できる貴重な機会があります。日本高校サッカー選抜の欧州遠征です。私が帯同したのは2013年の日本高校選抜ドイツデュッセルドルフ国際ユース大会で、チームは作陽の野村雅之監督が率いました。第85回大会で全国準優勝の実績を持つ名指導者で、筑波大学時代には、中山雅史さんと共にプレーした経験を持つ方です。多くのチームから集まった選手たちをどうまとめて、勝利に繋げるのか。選手たちのモチベーションを上げる言葉の巧みさに目を見張りました。

練習では、「組織の約束事項」を選手に徹底します。コーチ、サブコーチとコミュニケーションを取りながら、これを合宿で1日1日積み上げていきます。特に巧みさを感じるのは監督の考え方でした。

「日本人が勝つためには、特性をより理解しないといけない。私たちのストロングポイントは、組織に関する勤勉性、真面目さ。この部分が塊となってピッチ上で表現されたら必ず世界一になれる」

夜は私も参加させてもらって、コーチングスタッフと懇親会をするのですが、その内容のほとんどが楽しいサッカー談義。ただ、その中にも、選手たちへの課題や目標設定

第85回大会→p165参照

中山雅史
1967年9月23日静岡県出身。藤枝東。第63回に出場した。卒業後は筑波大学→ヤマハ発動機／ジュビロ磐田→コンサドーレ札幌→アスルクラロ沼津を経て、2021年からジュビロ磐田コーチ。

を織り交ぜて話すところは、とても勉強になりました。

さて、その大会にはサッカーファンなら誰もが知る元フランス代表ジダン、その息子が在籍するレアル・マドリードユースやボルシア・ドルトムントユースなど、ユースと言えども、馴染みのあるユニフォームを見るとやはり胸が高鳴ります。その一方で、このユニフォームを前に日本人が勝つことができるのかと不安になる自分もいました。しかし、ここでも野村監督の一言が巧みでした。

「ユニフォームで試合をするわけじゃない。俺たちの日の丸を見ろ。君たちは高校年代、高校サッカーの代表だ。国を代表する思いはどうだ？　こんな体験をできるのは君たちだけだ。もう一度言う。勤勉性、組織的な動きに関して日本人は世界でもトップレベルだ。それができたら必ず勝てる。自信を持ってピッチに行きなさい」

心の内側にある不安に対してコーチングをしながら、選手たちをポジティブにする。日本人の誇りとチームのストロングポイントを再認識させてからピッチへ送ったのです。選手たちからは闘気がみなぎっていました。言葉を駆使して表現し、伝えるアナウンサーという職業である自分にとっても非常に勉強になる言葉の数々です。

一方、コーチを務めていたのは島根の立正大淞南を率いる南健司監督でした。南監督は選手に対する情熱や指導力は当然のこと、高校サッカーの歴史をすべて丸暗記しているとも言われるほど膨大な知識量を持つことで全国的に有名です。実はこの南監督の観

ジダン
ジネディーヌ・ジダン。フランス出身の元サッカー選手。

立正大淞南
立正大学淞南高等学校。島根県松江市。選手権出場18回。主なOBは岡野雅行。

察力がチームに大きな影響を与えたのです。

参加していた青森山田の室屋成選手は、練習では一定の水準に達していました。しかしなかなかコンディションが上がらないこともあり、先発で出場するのは厳しいのではないかと、取材を通して感じていました。そのことを、南監督に聞くと意外な答えが返ってきます。

「あいつは試合ですごい能力を発揮する雰囲気がある。大会に入ったら必ずやってくれる。練習を見ていたら分かるんだ」

実際に大会に入ると、室屋選手は持てる力を発揮しました。屈強な外国人選手にも物怖じせず、身体を当て、タイミングよくボールを奪います。また安定したメンタルでプレーを続け、完全に右サイドを制圧していたのです。

再び、南監督に室屋選手のプレーについて聞きました。

「本番になるととてつもない力を発揮する選手っているんだ。だから特別な存在になれる。あいつはまだまだ伸びるだろう。将来、フル代表になると思う」

南監督はこれまでの経験と分析力で、「未来」を見事に言い当てていたのです。

結局この大会で優勝した日本高校選抜は、成田空港に戻りその場で解散式を行いました。選手に向けた野村監督の最後の言葉も印象に残っています。

「いいか、お前たち、今日までは非日常だ。この大会で優勝して特別な自信と経験を積むことができただろう。ただ、もう一度言う。これは非日常であるということを忘れ

室屋成
１９９４年４月５日大阪府出身。青森山田。第89回、第90回、第91回に出場。卒業後は明治大学→ＦＣ東京を経て、現在はハノーファー96（ドイツ）に所属。

ないように。つまり、日常を頑張るから非日常が輝く。誰もが非日常を経験して成長したいし、そこで輝き特別な存在になりたい。でも忘れてはならないのは日常の大切さだ。日常を一生懸命丁寧に過ごすからこそ非日常が輝くんだ。日常を大事にしてくれ」

選手と共に体験することができた「非日常」。

監督の言葉を胸に刻んだのはもちろんですが、今日をもってチームは解散し、自分の手を離れるにも関わらず、ここでも日常の大切さを説いた野村監督の指導を忘れることができません。最後まで一流指導者の凄みを感じました。

さて、大会はいよいよ決勝を迎えます。

地方局のアナウンサーにとって「実況の舞台」は準決勝まででしたが、決勝には別の大切な仕事があります。勝ち上がってきた地元代表校のベンチリポートです。祈るような気持ちで地元校の優勝を願い、その思いをベンチサイドから伝えます。ここでは決勝に臨む地方局アナウンサーの思いをお伝えします。まずは福岡アナウンサーです。

地元局アナの証言　福岡竜馬アナ（福岡放送）

ピッチサイドから見上げた、満員のスタジアム

決勝戦に自分の担当校が、勝ち上がること。

これは高校サッカーを担当するアナウンサーなら、誰もが抱く「夢」です。春先からチームの取材を始め、夏のインターハイ予選、そして冬の高校サッカー選手権。1年間見続けてきたチームが決勝でプレーする。しかもそのプレーを全国の皆さんに見ていただくことができるのです。

我々は決してチームスタッフではありません。ただ、これだけの時間を共有し、何度も何度も取材をしていると、選手たちが自分の子どもや親せきの子のような感覚になるのです。そんな選手たちが高校サッカー選手権の決勝という晴れ舞台に立つのです。

あの時の自分の気持ちを振り返ります。

第94回の決勝は東福岡と國學院久我山の一戦。

埼玉スタジアム２００２は首都圏の高校が決勝進出ということもあって大観衆が詰めかけていた。ピッチに向かう階段を上がって、ベンチリポーター席に向かう時、その大観衆が目に飛び込んできた。

第94回大会→p129参照
東福岡→p72参照

「最上段まで、お客さんが入っている…」

信じられない光景だった。少しだけ自分の身体が震えたのを覚えている。

私の近くで誰かの声が聞こえた。

「Jリーグの試合より、入っている」

観衆は5万４０９０人。ピッチレベルから見る満員の埼スタは「３６０度、期待と興奮の視線」に埋め尽くされた異空間だった。春先の新人大会は福岡のごく小さなグラウンドで行われる。観衆は同じサッカー部の選手たちとその家族のみ。多く見積もっても数百人だった応援が、５万人を超える観衆に変わったのだ。

さて、その決勝戦。

両校の選手たちは、まるで水を得た魚のように、みじんも緊張を感じさせないプレーを見せた。その中であのプレーが生まれた。覚えている方も多いだろう、東福岡が見せたトリックプレーだ。

ゴールまで23メートルのフリーキック。ボールの前で東福岡の選手3人が肩を組んで小さな壁をつくった。３人はゴールを背にした状態でそのまま一歩ずつゴール方向に下がっていく。この動きで相手ＧＫはボールが見えない。３人は死角をつくりながら、味方のキッカーからゆっくりと離れていった。

「何が起こっているのだろう」という観客のざわめき。

その直後、キッカーがボールを蹴ってやっと観衆はプレーを理解した。

ゴールが決まったあの歓声は、生涯忘れることはないだろう。

國學院久我山

國學院大學久我山高等学校。東京都杉並区。選手権出場8回。主なOBは丸山祐市、井口資仁(野球)。

東福岡のトリックプレーをCHECK!

5万人を超える人々の興奮が私の身体を震わせた。

「この子たちはこんなことができるようになったのか。こんな大観衆の前で」

まだ17歳や18歳の高校生だ。

この決勝は5―0という形で進んでいた。

その後半も残りわずかというところで、もう1つ、印象的な出来事があった。東福岡の森重監督は、2年生のFWの投入を決め、その選手にこう伝えていた。

「お前が来年このピッチに戻って来たいなら、残り時間で絶対に結果を出してこい」

全国大会優勝間際というところなのに、森重監督はすでに「来季」を視野に入れて指揮をとっていたのだ。

この様子をベンチからリポートしたのが、私の決勝戦の最後の仕事となった。なお、この終了間際に投入された2年生FWは佐藤凌我選手。高校卒業後、大学を経て、2021年Jリーガーとしてプロの道に進みました。彼が埼スタのピッチにもう一度立つ日は、そう遠くないのかもしれません。

さて、全国大会の決勝に進出するとどんなことが起きるのでしょうか。

地元の高校生たちがあの国立競技場でプレーする瞬間を見逃したくないという思いから、街には人の姿が見えなくなるのだそうです。

ここでは富山の高校が初めて優勝旗を勝ち取ったあの日に何が起こっていたのか、北日本放送の上野透アナウンサーに伝えてもらいます。

佐藤凌我

1999年2月20日福岡県出身。東福岡。第94回、第95回に出場。第94回では優勝。卒業後は明治大学を経て、東京ヴェルディに所属。

北日本放送

北日本放送株式会社。略称はKNB。本社は富山県富山市。

エース・大塚翔選手が決勝の舞台で決めたＰＫには、外から見ている私たちには決して分からない、強烈な思いが込められていました。

地元局アナの証言　上野透アナ（北日本放送）

瞬間最高視聴率62・6％［富山・富山第一］

これは紅白歌合戦でもオリンピックでもない。高校サッカー決勝の視聴率だ。２０１４年１月13日――。富山では街や大通りから人や車が消えた。誰もがテレビにくぎ付けだったのだ。タクシーの営業所では試合開始と同時に配車依頼の電話がピタリと止んだ。県内各地でパブリックビューイングが開催され、富山駅前では大きな歓声が沸き、選手が卒業した小学校では子どもたちが先輩のプレーに目を輝かせた。

第92回大会。建て替え前、最後の国立競技場で富山第一が県勢初の全国制覇を果たした。決勝戦の相手は石川の星稜。試合は前半にＰＫで先制を許し、後半に追加点を奪われ２―０とリードされていた。このまま試合終了かと思われていたが、後半42分から、あの奇跡は始まったのだ。高浪奨選手のゴールで１点差に詰め寄ると、試合終了間際に

上野透

北日本放送アナウンサー。２００５年入社。「ワンエフ」などに出演。

第92回大会 →p132参照

富山第一 →p133参照

竹澤昂樹選手がＰＫを獲得する。蹴るのはキャプテンの大塚翔選手。ベンチの前で跪き、両手を合わせる父、大塚一朗監督。この時ばかりは監督ではなく父の表情になっていた。外せば負けが決まるプレッシャーの中、息子は見事にゴールを決めて同点とした。

迎えた延長戦では村井和樹選手が強烈な左足でゴールを決めて初優勝。あまりにも劇的な展開は、サッカー漫画の世界さえ超えていた。

この年の富山第一はサイドストーリーにも事欠かないチームだった。決勝戦でゴールを決めた3人の父親は大塚監督も含めて富山第一サッカー部ＯＢだ。また、その父親たちを指導し、サッカー部の礎を築いた長峰俊之前監督が定年を迎えるタイミングでもあった。亡き母を思い決勝ゴールに繋がるスローインを放った城山典選手。準決勝のＰＫ戦で起用され活躍したＧＫ田子真太郎選手。そして何より地元の選手を中心にした富山第一が全国制覇を果たしたインパクトは大きかった。

富山の盛り上がりはすさまじかった。選手たちはヒーローになった。サッカー少年はもちろん、多くの人にサインを求められた。大塚監督には講演依頼が殺到し、優勝から7年以上経った今も、街を歩けば声をかけられる状況が続いている。

この決勝戦の解説は元日本代表ＦＷの城彰二さんだった。実は富山大会決勝も城さんに解説をお願いしていた。地方大会を盛り上げたいという思いで上司に頼み込んでいたのだ。城さんはこの県大会の時点で富山第一に全国制覇する力はないと見ていたが、その予想を覆しての優勝。改めて高校生の成長のスピードを実感したという。城さんは今でも抽選会などでこのエピソードに触れることがある。解説を依頼した私は、その度に心の中で小さくガッツポーズするのであった。

私個人としては、この大会で大塚監督との忘れられないエピソードがある。

富山第一の1回戦の相手は、国見を6度の全国制覇に導いた小嶺忠敏総監督率いる長崎総科大附。実況を担当したのは私だった。調べてみると、富山勢は長崎勢相手に過去1度も勝利したことがなかったが、富山第一は見事3―2で勝利した。

試合後に挨拶しに行くと大塚監督が「初勝利おめでとう」と声をかけてくださった。え、それは私がかけるべき言葉ではないですか、と少し呆気に取られていたところに、「これまで上野君が実況した試合で、勝ったことなかったよね」と大塚監督が言う。

大塚監督が言う通り、私が実況した試合で富山勢が勝利したことはなかった。大塚監督は「神は細部に宿る」という言葉をよく口にするが、まさか「実況者の勝敗」まで調べているとは思わなかった。私自身はすごく気にしていた部分でもあったし、何よりかけてもらった言葉がすごく温かくてうれしかった。人の気持ちに寄り添うことができる大塚監督だからこそ、チームを全国優勝に導くことができたのではないかと考えている。

実は、優勝から4年後、高校生だった選手たちが「大学を卒業するタイミング」で、その後を追う番組を制作した。キャプテンの大塚翔選手は大学を卒業してJリーガーになったものの、待っていたのは試合に出られない厳しい現実だった。2年間の在籍で公

長崎総科大附

長崎総合科学大学附属高等学校。長崎県長崎市。選手権出場7回。第100回大会に長崎県代表として選手権出場。

式戦出場は1試合のみ。しかしサッカーに魅せられた彼は、オーストラリアのチームを経て、今も東京の社会人チームでサッカーを続けている。

高浪奨選手は富山の電子部品メーカーに就職。田子真太郎選手は地元の消防士。山崎俊選手はパリコレクションに出演してモデルとして活躍している。

大塚監督がよく選手にかけている言葉がある。

「柳の木のように折れそうで折れない心を持つしなやかな人間になれ。そのためには泣いたり、負けたり、悲しんだりする、負の経験を糧に前に進むことだ」

実は、決勝でＰＫを決めた大塚選手も負の経験を乗り越えてきた。インターネットの掲示板で、こんなことを書かれたことがあった。

「大塚が1年生から試合に出られるのは指導者の息子だからだ」

それを見て苦しむ母親を目の当たりにして、サッカーをやめようとしたこともあった。しかしサッカーで受けた汚名はサッカーで晴らすしかないと誓い、努力を重ねた。

そして大塚選手は、あのＰＫを決めたのだ。

そして最後に、テレビ岩手の平井雅幸元アナウンサーに登場してもらいます。今から15年前、岩手に初めて優勝旗が渡った第85回大会の決勝戦のベンチリポーターであり、盛岡商のベンチ裏でチームと共に戦っていたアナウンサーです。ここでは、地元のアナウンサーのみぞ知る壮絶な舞台裏についてお伝えします。先に少しだけ私から説明させ

大塚翔のPKをCHECK!

テレビ岩手
株式会社テレビ岩手。略称はＴＶＩ。本社は岩手県盛岡市。

ていただきますが、盛岡商を率いていたのは斎藤重信監督です。平井さんは親しみを込めて「重信（しげのぶ）先生」と呼んでいます。その重信先生は、今から30年ほど前に喉頭がんを患い声帯をなくされています。のどに指を当てそれを声帯代わりにして指導を行っていたことはすでに報じられていましたが、この年は別の病気と闘っていました。選手権の前に生死を分ける心臓の手術を受けていたのです。

地元局アナの証言　平井雅幸元アナ（テレビ岩手）

地元局アナだけに伝えた緊急手術［岩手・盛岡商］

「平井さん…このところ、咳をすると胸が痛いんだよなぁ」

岩手大会決勝が終わった後に、私が重信先生を訪ねると先生はこう言いました。

「重信先生、気をつけてくださいね」

私は、そんなやり取りをしたことを覚えています。

それから数日が経ち、そろそろ全国大会までの盛岡商のスケジュール確認をしなければならないと思っていたところに、太田浩史コーチからの電話が鳴りました。「おっ！浩史コーチ、ちょうどスケジュール確認したくて電話しようと思っていた。ありがとう」

第85回大会 →p165参照

盛岡商

岩手県立盛岡商業高等学校。岩手県盛岡市。選手権出場16回。優勝１回（第85回）。

平井雅幸

テレビ岩手の元アナウンサー。１９８９年入社。高校野球をはじめ、スポーツ実況を数多く担当した。

と話したのですが、太田コーチのトーンがいつもと違います。「平井さん、今から話すことは重信先生からのメッセージです。平井君には話して構わない。但し、平井君に話すのであって、他のメディアには話さないことと言われています」と言うのです。

「重信先生は心臓の緊急手術を行い、今、集中治療室です。手術は成功で一命は取り留めました」

全国大会直前の11月に大変なことになったと思いましたが、私は騒がず、重信先生の帰りを待つことにしました。

12月上旬になってようやくご自宅に伺うと、重信先生は、「私は全国大会に行くよ！だけど、まだ病院の先生から許可が出ない！」と言われました。

私は驚きました。「いやいや、重信先生！　心臓手術をしたのですから今年は我慢しませんか。ここは太田コーチや中村司コーチに任せましょう」と言ったのですが、重信先生は「どうなっても構わない、私は行く」と言うのです。

あの年の全国中継を見ていて分からなかった方も多いと思うのですが、重信先生の心臓手術は胸部の骨を開いて行われ、すぐに胸の骨がくっつくはずもなく、決勝戦は、胸が骨折している状態で指揮を執っていました。重信先生は心臓手術からわずか1カ月で全国大会に向かっていたのです。

一方、手術後の日々を自宅で過ごしていた重信先生は、繰り返し盛岡商のＶＴＲを見て、フォーメーションや選手個々の持ち味を再確認していました。また同時に、対戦するであろう代表校の分析も行っていたのです。病院からの許可を待つ間、冷静にチームのチェックを行っていたのです。武将のように離れた山の上の陣幕から冷静に軍配うちわを揮う時間ができたとも言えます。

時を同じくして、大会前の調整のためすでに関東に移動していた選手たちにも監督の心臓手術と、監督が全国大会に合流しようとしていることが告げられます。成長期の高校生ですから、シーズン中、重信先生の考え方についていけないと思う選手や自分の戦い方で勝手にやりたいという選手も中にはいたはずですが、「重信先生が自分の命のことも考えず一緒に戦おうとしている…僕はこれでいいのか」という気持ちがチーム内に生まれます。全国大会のロッカーを見ると以前とは異なり、スタッフ・父母・学校まで、チームが一丸になっている姿が見られました。岩手人らしく、皆が力を合わせてひたむきに戦おうとしていたのです。

さて我々テレビ中継スタッフは試合の前日に、アナウンサーやディレクターが集まり情報交換を行い、中継方針を決定します。もちろん決勝当日の会場でも打ち合せを行うのですが、決勝前日の打ち合せが最も大切です。

盛岡商のリポーターはテレビ岩手から私と岩瀬弘行アナ、澤藤寛明ディレクター。作陽のリポーターは西日本放送の植村智子アナと岸たけしアナ、松村文彦ディレクターが参加しました。その打ち合せの中で盛岡商に大きなテーマを設けるならば何だろうとメイン実況アナウンサーからの問いかけがありました。私は練習の形や歴史、選手の想い

岩瀬弘行
テレビ岩手アナウンサー。１９９８年入社。「５きげんテレビ」などに出演。

植村智子
元西日本放送アナウンサー。現在はフリーアナウンサーとして活動。

をひと通り伝えた後、私の資料に書かれてあった重信先生のコメントを読み上げました。「指導者としてひたむきな、一生懸命なサッカーをつくりたい。厳しい環境の岩手でも力のある子どもたちがいて、これだけ強いチームをつくれるんだぞと表現したい。何よりも選手の潜在能力を信じ伸ばす使命感と喜びを感じグラウンドに向かう」…そうだ、ひたむきな人々とひたむきなサッカーが岩手にはある。重信先生のコメントが決定打となり盛岡商側の中継テーマは「ひたむき」に決まりました。

そしていよいよ決勝戦の当日です。私はベンチ裏から、入場する両チームの選手を見ていましたが、対戦相手の岡山県代表の作陽は足を痛めている選手が何人かいて、テーピングを巻いている姿に気づきました。ケガについては盛岡商の金野治郎トレーナーの献身的なサポートがありましたが、格闘性のあるサッカーです。ピッチサイドにいると、時折、体同士がぶつかり「ドッコッ」という鈍い音も聞こえてきます。故障とは紙一重の部分がありました。

一方、あの年の決勝は岩手と岡山の一戦で、関東勢や有名校同士の対戦ではないのですが、国立競技場には約3万6千人の観客が詰めかけました。オリンピックの聖火台となったスタンド上段まで高校サッカーファンで埋め尽くされ、その歓声は選手のいるピッチまで強く響いていました。その中で、両チーム共にミスを恐れず攻めて守っていく姿がとても美しかったことを覚えています。

試合は後半11分に、作陽の村井匠選手のシュートがバーに当たり、跳ね返ったところを桑元剛選手がヘディングで決め作陽が先制します。その後、盛岡商にも大きなチャンスが訪れます。先制点を奪われた6分後に盛岡商はＰＫを得たのです。大切な同点のチャンス。ボールを蹴るのは2年生の林勇介選手でした。2年生とはいえ後に浦和レッズに入団する技術力の高い選手です。しかし林選手はこの決定的なチャンスを外してしまいます。あの時の林選手をフォローするわけではないのですが、ピッチサイドにいた私が感じた国立競技場のＰＫは異様な音と空間に包まれていました。ＰＫを判定する笛が鳴った瞬間、四方から湧き上がる観声が塊のように選手の体を押しました。そして、ＰＫを蹴る林選手がボールを置く直前までは小さなざわつきの声が聞こえるのですが、林選手がボールをセットしゴールへと視線を送った瞬間に、国立競技場から音がすぅーと消えたのです。そこに罠が隠れているように思えました。キッカーの心は静寂によって押しつぶされそうになります。林選手はその罠にかかり、慎重にＰＫを決めようとするあまり、シュートが左ポスト横に外れます。外れた瞬間、ピッチには低音のどよめきの音が押し寄せました。呆然と立ち尽くす林選手は土色に顔を曇らせ、うつむいたのです。

ただ、林選手もここで終わるわけにはいかない事情がありました。実は、決勝進出を決めた夜に重信先生の携帯が鳴り、当時イタリアのＦＣメッシーナに在籍していた小笠原満男選手から電話があったのです。小笠原選手は重信先生がかつて赴任していた大船渡の教え子です。「重信先生！　インターネットで見ました！　決勝ぜひとも頑張ってください」という国際電話です。ちょうどその時、重信先生の部屋に来ていたのが林選

林勇介
１９９０年1月23日岩手県出身。盛岡商。第85回に出場し優勝。卒業後は浦和レッズ→ザスパ草津→グルージャ盛岡を経て、２０１７年に引退。

小笠原満男
１９７９年4月5日岩手県出身。大船渡。第75回、第76回に出場。卒業後は鹿島アントラーズ→メッシーナ（イタリア）→鹿島アントラーズを経て、２０１８年に引退。

大船渡
岩手県立大船渡高等学校。岩手県大船渡市。選手権出場3回。主なＯＢは佐々木朗希（野球）。

手で、重信先生から「ほら林！　満男だ、話しなさい」と携帯電話を渡されました。林選手は監督に怒られた時でも見せない、カチカチの直立不動になりました。

その時、林選手は小笠原選手からこう託されました。「俺が先生にしてやれなかった全国優勝をぜひとも君の手で叶えてあげてほしい」と。ＰＫを外し、折れそうだった2年生林選手の心の火が消えなかったのは、地元の先輩のひたむきな願いがあったからかもしれません。

一方、林選手がＰＫを外した頃、盛岡商のベンチサイドでは選手交代が検討されていました。サブの大山徹選手に声がかかります。大山選手もベンチコートを脱ぎ1度は出場の用意をしますが、重信先生が「いや大山待て、もう少し作陽の足が弱まってきた頃に投入だ」と一旦、交代を止めたのです。

実はこの大山選手、一度はサッカーを諦めようとしたことがありました。元々、足の速さが自慢の選手でしたが、トラップや切り返しに加えてパスへの冷静さに欠け、ミスに繋がることが多かった選手でした。夏のインターハイでもチャンスを何度も潰してしまい、試合後のミーティングで重信先生から「大山、岩手に帰ったら、お前はＢチームだ」と告げられたのです。高校3年生のインターハイ終わりにＢチームに行けということは言わば戦力外通告でもあり、「もう就職や進学に備えろ」と言われたのだと大山選手は感じたそうです。疎外感を抱く大山選手は、「ここは、自分の持ち味である脚を徹底的に鍛えよう」と、自ら厳しいランニングやダッシュを繰り返しました。仲間もそんな大山選手の必死な姿に「大山、頑張れ！　諦めるな！」と声をかけ励ましていたのです。

その大山選手に国立競技場の決勝の舞台で声がかかりました。後半25分、作陽の運動量が落ち始めたとみた盛岡商はついに松本昌大選手に代わり大山選手を投入します。大山選手はピッチに迷いなく飛び出して行きます。するとその直後、大山選手の苦悩を見てきた千葉真太朗選手からパスが出ます。「大山！　頼んだぞ！」大山選手は鍛え抜いたその足で敵陣深く侵入、相手は追い付けません。そして、ゴール前にいた林選手にパスを出します。林選手は体勢を崩しながらもシュートを放つと、そのシュートがなんと同点ゴールとなったのです。大山選手投入のわずか1分後のことでした。さらに盛岡商は後半の40分。今度はＦＷ成田大樹選手が左サイドを突破し、中にいた東舘勇貴選手へパスを出します。しかし東舘選手は、後ろに千葉選手がいると信じてスルー、その千葉選手がインサイドで丁寧に合わせて決勝点。凍てつく冬の体育館で何度も何度も、ひたむきに練習したプレーから決勝ゴールが生まれました。こうして岩手に初めて優勝旗が渡ったのです。

今回、私が平井さんに原稿の執筆をお願いしたのは、岩手の選手たちにとって、「お父さんのような」存在だったからです。地元局のアナウンサーとしてではなく、親のような気持ちで選手の思いを伝えようとしていたからです。ベテランになるほどその思い

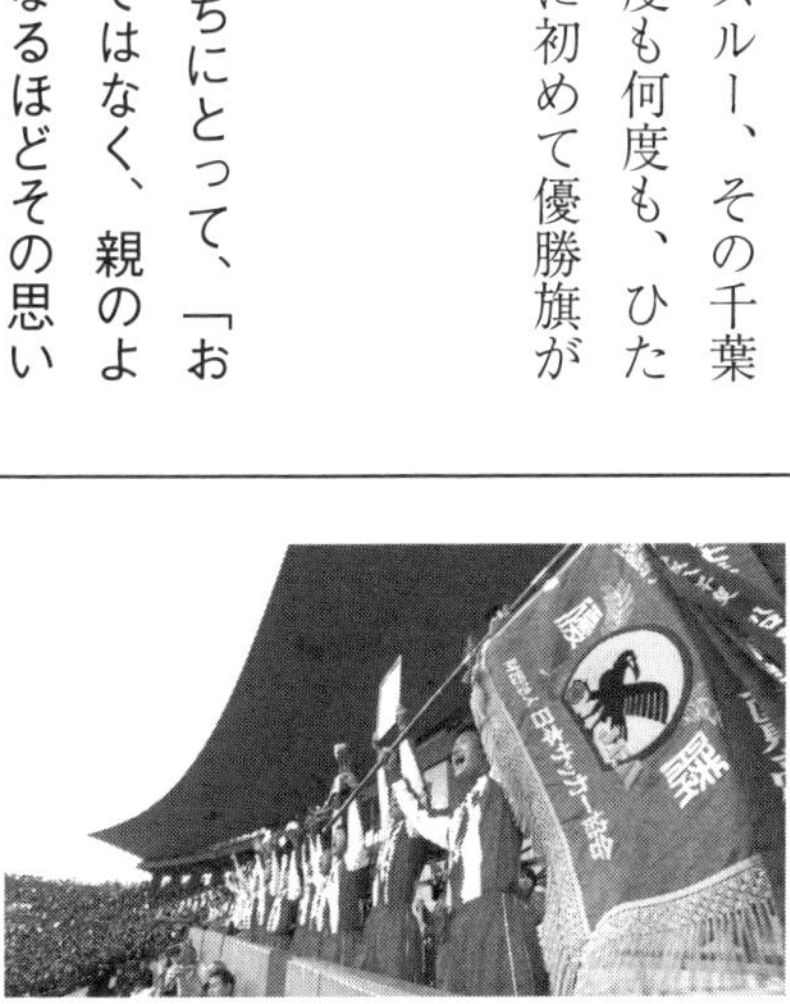

盛岡商の激闘＆斎藤重信監督のインタビューをCHECK！

は深く温かくなります。選手は子どもそのものなのです。

一方で若いアナウンサーは兄、または姉のように選手と接しています。県外から取材に伺うと、こんな家族のような関係が心の底からうらやましいのです。


実はこの試合の実況は、私が担当していました。

あの決勝戦の前日に私は、両ベンチサイドのアナウンサーにこう伝えました。

「遠慮なくリポートを入れてください。おふたりが主役ですから」

この時の作陽のベンチリポーターは西日本放送の植村智子アナウンサーでした。私は、平井さんと植村さんが懸命にチーム取材をしていたのを知っていましたので、2人のリポートを中心に放送を構築しようと考えたのです。

ただ、あの言葉にインパクトがありすぎたのか、実際の中継ではまさに遠慮なくリポートが入ってきました。近年稀に見るリポート回数だったと思います。それでもベンチサイドから届いた強く温かいリポートは、決勝戦の中継にすーっとしみこんでいったのです。

先日、植村さんにこの日の話を聞くために久しぶりに連絡を取りました。現在は西日本放送のアナウンサーを卒業していましたが、国立の記憶は鮮明でした。

「最初に思い出したのは自分の不甲斐なさです。国立競技場の雰囲気、観客の声援が上から降り注いでくる状況に飲み込まれていたのです。次に思い出したのは、子どもの頃に心臓が強くなかった選手が、立派に決勝でプレーしていたのに、私がそのことを伝える一瞬のタイミングを逃してしまったことです」

あの決勝戦から10年以上経過するのに、地元テレビ局をすでにやめてもいるのに、今でも、選手のことを伝えられなかったくやしさが溢れてくるのです。

そして、植村さんは最後に、このことを思い出しました。

「試合終了直後、盛岡商の斎藤監督が作陽の野村監督のところに握手をしにいらっしゃいました。その後、平井さんも私に握手をしに来てくださったのです」

もちろん敵味方に分かれてリポートをするのですが、思いは同じです。

「選手を輝かせたい」

私たちアナウンサーの願いは、これだけなのです。

あとがき

第99回大会が無観客で、運営がかなりの赤字らしい。
そう聞いたのは、大会終了後の春先でした。
人づてに「大会の収益を毎年貯めて備えていたお金を使った」と聞きました。

第99回大会は何とか開催はできたけれど、試合会場に歓声はありませんでした。
当たり前だったことが当たり前にできなくなって、その大切さを痛感します。
でも私たちは、高校サッカーを夢にして頑張ってきた選手たちのために、
今年も、来年も、その先も当たり前に夢の舞台を提供したいのです。

といっても、私たちにできることは多くありません。
運営側は大会の準備をし、ディレクターやカメラマンはプレー中の選手の表情を逃さないように
放送を続けるだけです。各試合会場を受け持つプロデューサーも、長引くＰＫ戦が放送時間に入るかどうか、
全国のテレビ局と必死の調整をするだけです。
でも、こうして頑張っているのはみんな高校サッカーを愛するおじさんだったりします。

一方、私たちアナウンサーも言葉で夢舞台を提供することしかできません。
だからこそ選手の思いを伝えようと必死に取材を続けるのです。

高校サッカーの魅力って、どこにあるのでしょうか。

選手の、監督の、コーチのひたむきさに、
私たちは心を打たれているのかもしれません。
だからこそ、その背景にもこだわって取材をしたくなるのです。

しかし、この思いを現役の実況アナウンサーとも共有できているのは、
これまで大会を中継してきた諸先輩アナウンサーがいたからこそなのです。
首都圏開催になって45年。
日本で初めて、絞り出すように「ゴール！」と実況した先輩。
曲がるフリーキックを「バナナシュート」と表現した先輩。
決勝戦に出場したチームが地元の養護学校を訪問したことを伝えた先輩。
何もないところからサッカー中継を育んできた先輩たちがいて、今があります。

この後、私のところに、ありがたいお叱りの手紙が殺到することが目に浮かびます。
おれたちのことはいい、この本でもっと伝えるべきことがあっただろうと。

そういえば、この本を書こうと思ったきっかけを思い出しました。

「第１００回大会の国立に、みんなで集まろう」

これは高校サッカー中継から卒業したアナウンサーで、約束していたことでした。


しかし、その後、決勝の舞台は国立から埼玉スタジアムに移り、新型コロナウイルスの影響を受け、スタンドに入ることすらできなくなりました。

私たちの約束は果たせそうになかったのですが、それでも何かしたいと考えて、思いを本にすることを考えついたのです。

そして、その本が少しだけ売れて印税があるのなら、すべて高校サッカーに寄付しようと、まあまあリアルなことを思いついてしまったのです。


今、私は、東京パラリンピックが開幕した8月にこの文章を書いています。

第１００回大会は、無事に行われているでしょうか。

試合会場は歓声に包まれているでしょうか。

久しぶりに戻ってきた国立はどうでしょうか。

歓声とともに熱戦が繰り広げられていることを心の底から、願っています。

もし、あなたが試合会場の応援席にいらっしゃるなら、
応援席リポーターの応援もよろしくお願いします。

もし、あなたがメインスタンドにいるなら、
ベンチ裏のアナウンサーにも小さな声援を送ってあげてください。
もし、あなたがテレビの前で観戦されているなら、
選手のことを必死に伝えるアナウンサーに耳を傾けていただければ幸いです。

そして何より、必死に戦う高校生プレーヤーたちに大きな声援をお願いいたします。
「初めて見る選手でも、敵味方なく、心の底から応援してもらう」
これが、私たち高校サッカーアナウンサーの一番の喜びなのです。

藤井貴彦

第100回全国高校サッカー選手権記念
伝えたい、この想い
アナウンサーたちのロッカールーム

第1刷　2021年　12月1日

編著
藤井貴彦

共著
福岡竜馬　岡崎和久

デザイン　喜田里子
校正　角田健次
編集　田中茂　山木敦
出版プロデューサー　将口真明　飯田和弘　齋藤里子（日本テレビ）

発行者　田中賢一
発行　株式会社東京ニュース通信社
〒104-8415 東京都中央区銀座7-16-3
電話 03-6367-8018
発売　株式会社講談社
〒112-8001 東京都文京区音羽2-12-21
電話 03-5395-3606
印刷・製本　株式会社シナノ

ISBN978-4-06-526740-0